AF555877

SUR

MONSIEUR

Bertrand IDIART-ALHOR

MISSIONNAIRE APOSTOLIQUE

AU TONKIN OCCIDENTAL

PRIX : 1 FRANC 25

PAR LA POSTE 1 FR. 50.

En vente à l'imprimerie CLÉDES, à Saint-Palais

Saint-Palais. — Imprimerie Marcelin CLÉDES
Succursale à Salies-de-Béarn, ancienne Maison des Frères

PRÉFACE

Le mardi 11 août 1884, la petite église de Lantabat était en fête ; elle avait revêtu sa plus belle parure. Son enceinte était trop étroite pour contenir la foule des fidèles, avides de s'unir au nouveau prêtre qui allait chanter sa première messe solennelle dans sa paroisse natale.

C'était dans cette église qu'il avait été fait chrétien par le saint baptême, qu'il avait reçu pour la première fois, le Dieu de l'Eucharistie, préparé par la pieuse et chaleureuse parole du R. Père Antoine, franciscain, dont le zèle apostolique a laissé bien des traces dans le pays. C'était dans cette église qu'il avait prié tant de fois et que Dieu lui avait sans doute fait sentir les premières inspirations de sa vocation sacerdotale.

Parents et amis, venus de loin, avaient tenu à s'associer au bonheur de l'officiant et de sa digne famille. Mais la cérémonie, toujours si pieuse d'une première messe, revêtait, ce jour-là, un caractère particulièrement touchant et bien des larmes silencieuses coulaient de tous les yeux. C'est que l'âme généreuse du jeune abbé Idiart-Alhor ne se contentait pas des travaux ordinaires de l'apostolat dans nos paroisses : Dieu avait ouvert à ses yeux des horizons plus vastes, il avait montré à son zèle un champ plus étendu, et, répondant à cet appel irrésistible, le nouveau prêtre, plein de courage et de foi, allait partir pour le Tonkin occidental, pour ces régions lointaines, sous un climat meurtrier, à la recherche des âmes !...

Au moment de s'embarquer, il était venu une dernière fois revoir ces lieux où s'était écoulée son enfance, embrasser ses parents bien-aimés, dire à ses amis un dernier adieu. Aussi tous les cœurs étaient-ils bien émus en entendant cette voix qui allait porter le nom du Christ sur des rivages inconnus où tout est danger pour le pauvre Missionnaire.

Après la cérémonie, la famille Idiart-Alhor réunissait, autour d'une table hospitalière, tous ceux qui avaient bien voulu se joindre à elle ; une cinquantaine de personnes avaient répondu à son invitation.

Le P. Idiart était entouré de son père, de sa mère, de sa vieille grand'mère, âgée de plus de 80 ans, issue d'une noble et ancienne famille de Prusse, les Schmarsow, dont l'un des descendants était venu se réfugier aux pieds des Pyrénées. Ses six frères et sœurs étaient présents.

A la fin du repas, M. l'abbé Berho, curé d'Iholdy, qui avait aidé et suivi le P. Idiart depuis son enfance, encouragé sa sublime vocation, prit la parole et, en termes émus, souvent interrompu par les larmes, il dit les vœux qu'il faisait pour le succès apostolique de celui qui allait quitter famille, amis, patrie, pour suivre la voix de Dieu. M. V....., magistrat à Saint-Palais, ami de la famille, dit, dans un charmant langage, la grandeur de la mission qu'allait accomplir le P. Idiart. Celui-ci, prenant la parole à son tour, avec le calme et l'énergie que donne la foi, remercia avec toute l'effusion de son cœur, cette assistance qui lui donnait un si vif témoignage de sympathie ; il dit adieu à tous, donnant rendez-vous au Ciel à ceux qu'il avait tant aimés et qu'il allait quitter pour toujours.

Sous le coup d'une vive émotion, on ne voulut point se séparer sans emporter, malgré les résistances que lui imposait son humilité, la bénédiction de celui qu'on ne devait plus revoir.

La veille de l'Assomption, le P. Idiart passa la journée au confessionnal; toute la paroisse voulant recevoir l'absolution du futur missionnaire, et, détail touchant, son père, sa mère, tous ses frères et sœurs s'agenouillèrent à ses pieds au Saint-Tribunal. Le jour de la fête, à la sainte messe, après quelques derniers mots d'adieu, il eut le bonheur de distribuer à tous la Sainte-Communion.

Le lendemain, dimanche 16 août, il s'arrachait aux embrassements de sa famille bien-aimée qui, malgré les déchirements d'une séparation douloureuse qu'elle sentait définitive, faisait, avec une foi digne des premiers siècles, le sacrifice de son Benjamin.

Le jeune missionnaire prenait le chemin de Bayonne, en passant par Iholdy où il avait tenu à saluer une dernière fois M. le Curé qui avait été pour lui un vrai père.

Le 14 septembre il s'embarquait à Marseille sur le *Pei-Ho*, pour ce Tonkin désormais l'objet de toute sa sollicitude.

. . . .

A 8 ans et neuf mois de distance, le mardi 30 mai 1893, les mêmes parents et amis se trouvaient de nouveau réunis dans cette même petite église de Lantabat, récemment réparée et décorée. Mais si elle était encore parée, c'était d'ornements de deuil; un beau catafalque était dressé dans la nef, 21 prêtres et religieux formaient couronne dans le sanctuaire à l'officiant M. d'Eliceïry, curé de Lantabat, chanoine honoraire de Bayonne.

Toutes les voix s'unissaient pour chanter un solennel *Requiem*, et M. l'abbé Berho, tremblant d'émotion, disait ce qu'avait été pendant 8 ans et demi la vie de celui dont le souvenir remplissait tous les cœurs.

Le R. P. Idiart-Alhor était pieusement décédé à Son-Tay le 25 mars 1893, le jour de l'Annonciation de la Très Sainte Vierge. Dieu avait donné la récompense promise au bon et fidèle serviteur, à celui qui avait sacrifié sa vie pour la gloire du Christ et le salut des âmes !

Après la cérémonie, où les tristesses du deuil se mêlaient à la joie du triomphe, on se réunissait à la même table et, après un simple repas, condisciples et amis présents votaient à l'unanimité l'érection d'un monument commémoratif à la mémoire du saint et regretté missionnaire, dans cette même église où son souvenir restera ainsi toujours vivant.

Pour dire ce qu'a été pendant plus de 8 ans la vie apostolique du P. Idiart, nous laissons la parole au P. Bocquel son ami, son frère de cœur, le compagnon de ses travaux et de ses labeurs. Il nous le dira dans la notice suivante, *écrite sur la demande expresse de*

Sa Grandeur Monseigneur GENDREAU

Vicaire Apostolique du Tonkin-Occidental.

NOTICE

SUR

M. Bertrand IDIART-ALHOR

MISSIONNAIRE APOSTOLIQUE

AU TONKIN OCCIDENTAL

Bertrand Idiart naquit à Lantabat, diocèse de Bayonne, en 1859 (26 décembre).

Ses premières années ne me sont guère connues que par quelques faits dont j'ai entendu le récit de la bouche même du Père.

Il fut élevé dans l'amour de la piété et du travail. Ses parents devaient pourvoir à l'établissement de sept enfants, et leurs revenus dépendaient à peu près uniquement du rapport de la ferme qu'ils font encore valoir. Tout en comptant sur l'aide de Dieu en fervents chrétiens, ils ne négligeaient pas d'employer aussi le secours des enfants que le Ciel leur envoyait; et, dans la mesure de leurs forces, ceux-ci devaient aider aux travaux de la maison.

C'est ainsi que Bertrand devint berger, commissionnaire et même un peu bûcheron. En disant *berger*, je ne veux pas dire que c'était un travail facile, car il s'agissait d'aller conduire les moutons à la montagne, fort loin; parfois d'y passer la nuit, parfois encore de lutter de vitesse et d'habileté avec les carnassiers attirés par la fine odeur des gigots. Le vent, la pluie, le soleil, les courses et l'air vif des Pyrénées, rien ne rebutait l'ardeur du jeune berger; et c'était à regret qu'il devait, dans des circonstances plus dangereuses, laisser le soin du troupeau à son père, trop heureux quand il obtenait de partager avec lui les fatigues et le péril afin de ne perdre aucune brebis. C'était comme un apprentissage des courses qu'il devait faire plus tard, à la recherche des chrétiens dispersés par la persécution dans la province de Thanh-Hoa.

Couper taillis et grands arbres, fagoter, rapporter les provisions de bois pour l'hiver, ne le rebutait pas plus que d'accompagner son brave père au marché voisin.

Probablement, et malgré ses grades de pâtre, de conducteur et autres, notre ami devait aussi se livrer aux études primaires — du moins en basque — car nous verrons qu'il ignorait encore le français quand il commença ses études. C'étaient des jours remplis, on le voit.

Et malgré toutes ces occupations, il y avait temps encore pour jouer avec sœurs et frères, se quereller un brin, se réconcilier et s'aimer beaucoup.

Oui, certes, il aimait beaucoup les siens. Avec quelle chaleur il racontait les travaux de son père ! Comme il s'honorait de sa loyauté digne d'âges meilleurs ! (1) Avec quel amour il parlait des sollicitudes de sa mère, vraie femme forte, surmontant souffrances et maladies pour veiller aux soins du ménage, à l'éducation des enfants.

La sœur aînée, trop vite enlevée à leur affection et à celle de son mari, avait aussi la première part dans son amour fraternel. En me souvenant de la manière dont il m'en parlait, je me doute qu'elle devait être pour lui une seconde mère — une maman — encore plus douce que la première, ou bien son ange gardien visible (2).

---

(1) Voici en quels termes indignés il prenait, dans une lettre du 6 novembre 1889, la défense de son père injustement accusé de félonie :

« Quoi ! mon père, mon brave homme de père, un hypocrite ! un traître ! allons donc ! Je défie les ennemis les plus acharnés de la famille, qui ont cherché en vain à la dénigrer, de croire eux-mêmes un mot de ce qui se dit à ce propos ; mon père est tout ce que je connais de plus loyal en ce monde : lorsque j'entends dire le contraire, je sens, malgré moi, tout mon sang basque bouillonner dans mes veines de Missionnaire. Il est des calomnies absurdes auxquelles on doit savoir répondre par le silence du mépris. »

(2) Il écrivait, en apprenant sa mort ;

Thanh-Hoa, 13 mai 1888.

Il est minuit passé. Je viens de lire, il y a un instant, votre lettre. Je viens de réciter un premier chapelet pour le repos de l'âme de ma bien-aimée Catherine. Le reste de la nuit je vais le passer à écrire et à prier... Quelle triste nouvelle, mon Dieu !... Enfin,

Les trois autres sœurs ne pouvaient cependant pas se montrer jalouses, car il leur a porté, jusqu'à la fin, un intérêt plein d'affection et de dévouement, surtout à celle qui est religieuse (1), l'aînée de la famille.

Et ses frères donc ? Il faudrait interroger Michel et Manech pour savoir comment tous trois savaient se comprendre, même en se boxant comme de vrais Basques. Je parlais de dévouement à ses sœurs, il en a donné autant de preuves à ses cadets. Me sera-t-il permis de rappeler la dernière ?

Pendant son séjour à Son-Tay, deux mois avant de mourir, notre confrère recevait une lettre d'Amérique. C'était son oncle qui, ayant appris sa maladie, lui envoyait 50 fr. pour acheter du vin généreux. L'oncle insistait pour qu'il essayât la vertu du bordeaux. Mais le Père se mettant à rire : « Brave oncle ! il n'est plus temps, dit-il. Mon frère, qui est militaire à Tarbes, est plus près de Bordeaux que moi ; si le bordeaux ne lui est pas nécessaire, cet argent lui servira quand même ». Et l'argent lui fut adressé.

Je ne parle pas des bons conseils qu'ils reçurent, ni de la réelle protection qu'il leur accorda malgré la distance. Mais ceci suffit pour montrer la délicatesse de sentiments qui attachait le P. Idiart à sa famille, et qui devait lui conquérir partout l'affection de tous.

Dominus dedit, Dominus abstulit, sit nomen Domini benedictum !... J'aimais tant ma sœur ! Je l'aimais d'une affection particulière à cause de la beauté de son cœur et de ses sentiments qui étaient depuis longtemps l'objet d'une véritable admiration pour moi. J'étais fier de ma sœur Catherine... Le bon Dieu m'en demande aujourd'hui le sacrifice, je le lui fais volontiers; encore une fois, que son saint nom soit béni ! Que le bon Dieu me pardonne mes crimes qui ont été peut-être la cause d'un si grand malheur pour la famille. Je pleure mais je ne me plains pas. Je prêche sans cesse aux autres la patience au milieu des peines et des tribulations de cette vie ; de quel front oserais-je parler sur ce sujet si ma conduite ne s'accordait pas avec les sentiments de mon cœur ? J'espère fermement que ma sœur est sauvée et qu'elle ira au ciel plus vite que moi. Je ne manquerai pas de prier pendant longtemps pour elle ; je ne cesserai de le faire qu'en cessant de vivre...

(1) A l'occasion de son entrée au couvent il écrivait :

8 novembre 1885.

Vous ne sauriez deviner avec quelle joie j'apprends la nouvelle du prochain départ de ma sœur aînée pour le couvent... Et mes pauvres parents dont la résignation a été si vite obtenue ! Oh ! le bon Dieu est bon et la bienheureuse Vierge nous protège et nous aime !...

L'heure arriva où la voix divine se fit entendre. Comment la vocation prit-elle une forme, par qui fut-elle révélée et dirigée tout d'abord ? Je ne saurais le dire. Des récits du P. Idiart sur ses premières études, voici ce dont je me souviens surtout :

D'abord, c'est qu'il dut mener de front l'étude du français et du latin. On l'avait placé dans une sorte de maîtrise, je crois. Afin qu'il ne fût pas trop gauche en y arrivant, on lui avait appris, en français, les quelques phrases d'usage pour se présenter et répondre aux questions ordinaires.

Le jeune élève apprit et retint la leçon. On ne l'eût jamais pris pour un Basque, à l'entendre répéter : « Bonjour monsieur, comment allez-vous ? etc. ». Aussi allait-il affronter sans trop de crainte la première entrevue avec le Maître et les futurs compagons d'études. Par malheur, on avait oublié de lui enseigner un tout petit détail, c'est vrai, mais important. Jugez plutôt.

A peine a-t-il paru devant le directeur qu'il entonne son antienne ; et, sans broncher ni prendre le temps de souffler, déclame d'un trait : « Bonjour monsieur comment allez-vous pas mal et vous moi aussi ! »

Ce fut une explosion de rires tandis que le cœur de notre ami battait à tout rompre. Lorsqu'il eut été mis au courant de sa méprise, il en rit le premier, et plus tard il aimait à la raconter. Mais ce fut pour lui un nouveau stimulant pour étudier avec ardeur. Et de fait, il travailla tant qu'on dut bientôt mettre des bornes à son courage. Son âme énergique eût, à ce moment déjà, usé sa jeune et tendre enveloppe.

Un souvenir qu'il rappelait souvent aussi, mais avec douleur, c'est la direction janséniste qu'il avait rencontrée je ne sais où — est-ce à cette époque, est-ce plus tard ? Son âme généreuse était à l'étroit dans ce système de glace. Quand il en parlait, on voyait qu'il en avait souffert ; aussi bénissait-il la Providence qui l'en avait tiré pour le remettre dans une voie plus large où l'amour et la générosité n'enlèvent rien au respect dû à l'infinie bonté.

C'est avec reconnaissance qu'il mettait au nombre des grâces reçues, le bonheur d'avoir fait ses classes au berceau de Saint-Vincent-de-Paul. Très dévôt à l'apôtre de la charité, il en avait pris le nom en devenant Tertiaire de St-François et il a gardé pour les Religieux Lazaristes un profond respect et une grande affection. Lui-même en était estimé et aimé. C'est si vrai, que les bons Pères lui firent des avances, désirant le garder chez eux. On ne trouve pas en effet tous les jours des sujets comme le jeune élève Idiart. S'il n'a pas le brillant, en revanche il a le solide; son esprit droit, son assiduité au travail, son caractère gai et bon, sa piété enfin devaient tenter ses maîtres. Mais Dieu avait disposé autrement des qualités du jeune séminariste. Je ne crois même pas qu'il hésita un instant sur la décision à prendre. Il continua ses études avec la même ardeur, s'appliquant à la prière et à l'observation de la règle; et se dédommageant d'un travail opiniâtre par des parties de balle acharnées, au sortir desquelles il avait la fringale. — Et dire qu'alors notre joûteur se contentait d'une pauvre tasse de chocolat de deux sous le matin, et de l'abondance du séminaire le reste de la journée. Il s'interdisait tout superflu, se contentant de l'absolu nécessaire, afin de ne pas augmenter les dépenses imposées à sa famille, réservant les quelques pièces de sa bourse pour des œuvres utiles. — C'est bien lui, tel qu'il se montrera plus tard au milieu de ses chrétiens dépouillés. Pas de dépenses inutiles, pas même toujours les dépenses nécessaires : c'est dès sa jeunesse qu'il est lié d'amitié et familier avec la mortification et l'esprit de sacrifice.

Quelques semaines avant sa mort, je lui demandais dans une de nos causeries intimes, s'il avait toujours été sage pendant ses études, et s'il n'avait pas joué quelques tours à ses maîtres ou au règlement. — « Si dit-il, une fois, mais c'est la seule. — Quoi donc ? Conte-moi cela. — Oh ! c'est bien bête ce que j'ai fait. — Nous revenions de promenade où nous avions fait des parties de balle impossibles, enragées. Fatigués, mourant de soif, mon camarade et moi demeurâmes en queue, et, arrivés devant une auberge, v'lan, nous entrons et nous nous faisons servir une *chopine* de vin. Mais à peine assis, nous eussions voulu être dehors; les bancs me brûlaient; cependant nous n'osions pas sortir par la porte donnant sur la route de peur qu'une connaissance ou un directeur ne nous aperçut. Nous passâmes par la fenêtre de derrière et regagnâmes la promenade à travers champs.

Ah ! si je me suis repenti de ce coup ! En rentrant, j'allais m'accuser à mon confesseur, lui jurant de ne plus recommencer jamais. — Et il tint parole. — *Beati qui...*

Entrevoyait-il déjà, au-delà de la vocation ecclésiastique, la vie de l'apostolat dans les pays infidèles ? C'est à croire. Car, d'après ses récits, ses amitiés d'alors se contractent surtout avec ceux qui veulent être missionnaires. Ils se devinent, se confient leur secret et s'encouragent. Pendant les vacances on se rend visite comme des amis. Mais au fond, ces visites n'ont d'autre but que d'entretenir le feu sacré chez les uns et les autres, de dérouter les soupçons des parents, jusqu'au jour où le chemin des Missions sera ouvert. Ce qui n'empêche pas Bertrand de redoubler d'affection envers tous, de redevenir même parfois l'aide précieux de jadis, en donnant un bon coup de mains aux travaux pressants de la maison.

Ainsi en fut-il jusqu'après l'ordination au Diaconat. C'est à ce moment que le P. Idiart partit pour Paris.

Il fut au séminaire de la rue du Bac, ce qu'il avait été à Bayonne et ailleurs : pieux, studieux, observateur de la règle et charmant confrère. Très discret et un peu timide, il conquit cependant bientôt l'estime et l'amitié des aspirants (1). et je ne crains pas de me tromper en ajoutant, celle aussi des directeurs. La preuve, c'est qu'au lieu de lui laisser achever l'année de probation exigée par le réglement, avant de l'appeler à l'ordination, le Conseil devança l'appel et l'ordination, et le Diacre de Lantabat devenait prêtre le « 3 juillet 1884 ».

C'était pendant les vacances scolaires. La retraite préparatoire des ordinands ne fut point distincte de celle que les Directeurs font eux-mêmes chaque année à cette époque.

Dès que son appel à la prêtrise fut officielle, le P. Idiart s'empressa d'en donner avis à ses amis afin de demander le secours de leurs prières. On les lui promit naturellement, et de bon cœur. Mais des intimes, saintement jaloux de le voir

(1) Il écrivait du séminaire de Paris :

Mars 1883.

Si vous saviez comme je me sens heureux dans mon nouveau séminaire ! Que de savants maîtres, que de pieux et excellents amis j'y ai trouvés !... Mon nom, si essentiellement basque et dont je suis si fier (Idiart-Alhor), passe pour baroque à leurs yeux et effarouche leurs oreilles ; vous pensez bien si cela m'amuse : mon second surtout les déroute et, ne pouvant en avoir raison, ils m'appellent *diable d'alors !...*

Plus tard, Monseigneur Puginier le lui rappellera à Hanoï ; il se plaisait à l'appeler son *petit ours des Pyrénées.*

les devancer dans la carrière apostolique, commencèrent par lui donner une volée de compliments à rebours et de caresses frappantes. Il en était tout heureux. A toutes les félicitations que les autres lui adressaient au sujet de son appel devancé, il répondait par la même demande de prières, afin, disait-il, de compenser, les jours écourtés de la préparation par plus de piété et de ferveur, et que son ordination anticipée portât quand même des fruits de salut. Et les confrères qui l'ont connu et vu dans cette circonstance, savent comment lui-même se disposa saintement à recevoir le Sacerdoce.

Ce fut son plus grand bonheur ici-bas d'avoir été choisi de Dieu pour devenir son ministre; il l'a trop redit pour en douter. Mais le jour où il célébra les saints Mystères pour la première fois, une joie presque égale à la précédente lui était encore réservée.

De septembre 83 à juillet 84, neuf missionnaires avaient été envoyés au Tonkin. Les quatre derniers se trouvaient même à Paris. Il était donc peu probable qu'on désignât encore pour cette mission enviée quelqu'un des cinq nouveaux prêtres. Or, à la plus grande joie des élus, le Tonkin obtenait encore deux missionnaires : le P. Idiart et le P. Pilou. Les vœux de notre confrère étaient comblés, et son bonheur n'avait plus rien à désirer. Le soir, nous chantâmes sans nous lasser :

Noble Tonkin, terre par Dieu bénie,
Des héros de la foi glorieuse patrie,
Je viens aussi pour te servir :
Heureux pour *toi* de vivre et de mourir !

Le 28 octobre 84, le P. Idiart et le P. Pilou arrivaient à Hanoi, et mettaient leurs forces et leur vie au service de ce Tonkin si malheureux et pourtant si aimé. (1)

(1) Il écrivait le 28 novembre, un mois après son arrivée :
.....C'est de la capitale même du Tonkin que je vous écris ! Si le Ciel n'avait pas le monopole de cette parole de l'Ecriture « C'est ici le lieu de mon repos, c'est ma demeure que j'ai choisie pour la durée des siècles », je serais vraiment tenté de l'appliquer au Tonkin.
Il est vrai que je ne l'ai point choisi de préférence à un autre endroit de la terre, mais c'est le bon Dieu qui me l'a donné et dès lors il a tout pour posséder mon cœur en entier.
J'entends dire quelquefois que les Annamites ne sont pas aimables ; si j'étais venu au Tonkin dans le même but que ceux qui tiennent ce langage, je serais peut-être de leur avis, mais grâce à Dieu, je suis arrivé ici dans l'espoir de gagner des âmes, et celles-ci sont

Mgr Puginier garda quelque temps les deux nouveaux missionnaires à Hanoi; puis, quelques semaines plus tard, S. G. envoyait le P. Idiart à Ké So continuer l'étude de la langue.

Nous savons avec quelle application le P. Idiart apprit l'anamite, et surmonta les difficultés de cette langue; comment il arriva très vite à pouvoir prêcher. (1) Cependant il ne pou-

---

précieuses même quand elles appartiennent malheureusement au démon. Oui, les Annamites sont vraiment aimables: je les aime déjà beaucoup, mais je voudrais les aimer encore mille fois plus pour travailler avec plus d'ardeur à la conquête de leurs chères âmes. S'ils sont dignes d'amour, ils sont surtout dignes de compassion. Si vous saviez dans quel triste état ils se trouvent!..... Pauvres gens! et surtout pauvres âmes!!...

Ils sont malheureux sur la terre la plupart du temps et l'enfer les engloutit au sortir de la vie. Le démon règne ici en maître, ses temples se trouvent partout. On m'a assuré que, dans la seule ville d'Hanoï, il y a encore plus de cinq cents pagodes debout. Pour avoir une idée de ces pagodes, qui se ressemblent toutes, figurez-vous une maison basse sans fenêtres ou à peu près, avec une porte plus ou moins cachée. En entrant dans l'intérieur, où le jour ne pénètre qu'avec peine, en contemplant les nombreuses statues en bois doré qui se trouvent échelonnées sur les degrés d'un large escalier, on sent son cœur mal à l'aise et on est porté, comme malgré soi, à songer à l'enfer. Je faisais chaque fois une fort mauvaise mine à toutes ces divinités et pas une n'a songé à me demander compte de mon air renfrogné. Je vous assure que si j'avais pu le faire, je les aurais traitées avec moins de politesse encore; mais pour les culbuter de leurs sièges, une chose essentielle me faisait défaut: l'amour de Dieu, la sainteté... Avec cette dynamite j'aurais bien vite raison de tous les diables de la région.

Je vous serais bien obligé si, en guise d'étrennes du nouvel an, vous m'en envoyez une bonne provision; je vous promets de n'en user que contre le démon...

(1) Ké-So, 7 mars 1885.

Lorsque votre lettre est venue me trouver aux pieds des rochers de Ké-So, j'étais en train de composer ou d'étudier une exhortation que je dois faire au peuple tous les vendredis de Carême du haut de la chaire de la Cathédrale. Deux bonnes pages et demie, ce n'était pas la mer à boire, non; mais si vous saviez comme malgré moi j'ai sué pour faire ce premier pas! Monseigneur me disait, il y a quelque temps, que lorsqu'on prêche pour la première fois en langue annamite, on prêche pour soi et non pour le peuple. Je crois que Sa Grandeur a dit vrai. J'ignore quelles impressions mon morceau d'éloquence a produit sur mes 200 ou 300 auditeurs chrétiens. Dès le commencement, je me suis fortement cramponné à la chaire et, sans me tourner d'un côté ni de l'autre, j'ai récité bien scrupuleusement ma leçon; les gestes ne sont pas de mise par ici. Le fameux sermon terminé, à la grande satisfaction du prédicateur et peut-être aussi des auditeurs, obligés de garder le sérieux malgré les énormités qne j'ai dû leur lancer, j'ai fait baiser la sainte relique de la vraie croix sur laquelle j'avais parlé.

vait consacrer tous ses instants à cette étude; on lui volait bien des heures : les uns, pour parler du pays; les autres pour se faire remplacer ici ou là. Faut-il aussi rappeler les airs guerriers, les fanfares et autres sérénades, par lesquels de nouveaux compagnons d'armes cherchaient à le distraire? Le Père contentait tout le monde, quitte à rattraper ensuite les moments perdus.

Il lui était agréable de rappeler son séjour d'alors à Ké So; quelques semaines avant sa mort, il en racontait encore les histoires avec le même entrain que si elles eussent daté de la veille, — surtout la mort tragique de Ratapan — le célèbre chat du P. Martin.

A Ké So, le jeune missionnaire ne s'en tenait pas à l'étude de la langue. Il cherchait surtout à se mettre au courant des usages de la Mission. Il écoutait les anciens, les interrogeait sur leur manière de faire avec païens et chrétiens ou à l'égard des autorités indigènes. Puis il notait les renseignements entendus, les étudiait, comparait, et finalement en tirait une ligne de conduite pratique. On peut dire qu'il savait s'assimiler les connaissances des autres et en tirer personnellement le meilleur parti. Il l'a bien montré plus tard

Au mois de juillet 85, Mgr Puginier plaçait le P. Idiart à Ké Sét pour y commencer l'exercice du ministère apostolique. Il allait se mettre à l'œuvre quand il fut appelé à Hanoi.

A cette époque, les troupes françaises remplissaient de blessés et de malades les hôpitaux du Tonkin. A Hanoi, le P. Landais, chargé du ministère paroissial de la ville et du service religieux de l'hôpital, succombait à la tâche. Pour le seconder, Mgr Puginier chargea le P. Idiart du service de l'aumônerie. Il faut dire que l'hôpital comptait alors de 6 à 800 malades; que la mortalité atteignait le chiffre de 5 et 7 décès par jour, quand elle ne montait pas au-dessus de dix; que les malades étaient logés un peu partout, en sorte qu'il fallait fournir une véritable course pour se rendre d'un bout à l'autre des logements occupés. Le Père se dévoua aux malades sans compter sa peine. Non content de les visiter, de les exhorter, il priait surtout beaucoup pour eux; et, certaines fois qu'il rencontra des cœurs rebelles à la grâce, il allait se prosterner devant le Saint-Sacrement, les bras en croix, pour obtenir la conversion des endurcis. Je tiens le fait d'un témoin oculaire encore présentement au Tonkin (1).

A la fin octobre, le P. Gérod prenait le service de l'hôpital. Le P. Idiart allait regagner Kè Sét, quand le choléra éclata plus violent que les mois précédents. C'était une véritable épidémie; les soldats succombaient en grand nombre. Les autorités médicales et militaires résolurent d'établir un lazaret spécial à ces malades. Défense fut faite aux personnes qui les soignaient de communiquer avec l'hôpital. L'aumônier se trouvait donc devoir ou abandonner les blessés et les malades ordinaires, ou laisser sans secours et sans consolations les malheureuses victimes du fléau.

Le P. Idiart se dévoua de nouveau. Il s'installa bravement au milieu des contaminés, afin de leur assurer tous les secours religieux. Il craignait tant de manquer un malade, — ceux-ci tombant souvent foudroyés, — qu'il ne quittait le lazaret que pour prendre ses repas; la nuit, il reposait comme il pouvait sur une chaise longue, afin d'être prêt à tout appel.

A la fin de l'épidémie, le Père, alla faire l'administration des paroisses de Kè Sét (2) et de Phùng Quang. Puis il fut envoyé avec le P. Robert de Nantes dans le district de Son Mieng.

---

(1) Le P. écrivait de l'hôpital :

27 juillet 1885.

... Imaginez-vous, si vous le pouvez, la grimace que fera certainement votre petit *Pettan*, lorsque après avoir couru à travers plusieurs salles, il se trouvera peut-être en présence d'un vieux grognard qui ne voudra pas se confesser sous un prétexte ou sous un autre. Pauvres soldats ! Pauvres âmes !

(2) 1er novembre 1885.

Gaudeamus omnes in Domino diem festum celebrantes !!!

Telles sont les paroles que j'ai prises pour texte de mon sermon. Lorsque j'ai signé ma première feuille, ma pensée n'était pas de vous écrire plus longuement, mais la fête de la Toussaint ayant trouvé ma lettre encore ouverte sur mes livres, j'ai changé d'idée et me voici de nouveau en promenade à travers le beau et cher Pays Basque. Boileau a dit, il y a longtemps, que l'ennui naquit un jour de l'uniformité; bien que les poètes soient souvent des menteurs (au moins dans un certain sens), je crois cette parole de Boileau. Aussi, au lieu de faire mon voyage par mer je veux le faire, non pas par terre, mais *par ciel*.

Aujourd'hui grande fête à Ké'sét, grand'messe chantée sans orgue. Le curé de la paroisse se trouvant présent, les honneurs de la journée lui revenaient de droit; le petit missionnaire les lui a cédés bien volontiers se réservant la prédication et la présidence du lutrin.

C'était année du Jubilé. La besogne, déjà très lourde en temps ordinaire dans ce grand district, devenait impossible. A lutter contre l'impossible, c'est s'exposer à être vaincu.

Jugez, mon cher ami, ma joie en publiant hautement les louanges du bon Dieu dans un petit village à peu près tout chrétien (650 chrétiens) au milieu d'une foule d'autres qui adorent encore Satan! Après la messe, procession solennelle autour de la modeste église. Je vous ai dit que j'avais la présidence du lutrin; c'est pourquoi on a pu exécuter les litanies de la Bienheureuse Vierge Marie sur l'air habituel des Invocations, à l'oratoire du jardin du séminaire de Paris.

Pendant presque toute la procession j'ai songé à vous, surtout lorsque je suis arrivé à l'invocation *Salus Infermorum*. Si j'avais le temps de vous parler de la ferveur de mes chers chrétiens, je vous dirais que ce matin j'ai été réveillé, non pas par mon réveil. mais par la voix des fidèles qui récitaient le chapelet dès quatre heures un quart du matin. Ici toutes les prières sont récitées à haute voix; il y a quelques fois plusieurs centaines de chrétiens réunis disant la même prière avec un ensemble admirable. Les prières du matin et du soir en commun à l'église; elles durent près de trois-quarts d'heure, quelquefois davantage; matin et soir chapelet; le matin assistance très nombreuse à la messe; le soir, prière précédée d'une lecture spirituelle faite par un de mes catéchistes.

Vous voyez, mon cher ami, que mes chers chrétiens, quoique vivant au milieu de nombreux païens, sont loin de vivre en païens, grâces à Dieu.

L'église possède les corps à peu près entiers (deux entiers et une moitié) de trois prêtres indigènes, enfants du village, martyrisés dans différents endroits du vicariat. L'un d'eux s'appelait Tiesh comme moi, ou, pour mieux dire, j'ai le bonheur de porter le nom annamite d'un d'entr'eux.

La première fois qu'un Européen assiste à une procession annamite, il doit avoir plus envie de rire que de prier, mais s'il prend un petit peu patience et s'il considère attentivement toutes choses surtout le recueillement des chers chrétiens il ne manquera certainement pas d'être on ne peut plus édifié. Une petite statue de la Ste-Vierge est portée par 8 hommes, aussi bien parés que possible, sur un magnifique brancard en bois doré; la marche est réglée par un notable du village en habit de grande cérémonie qui va toujours à reculon en transmettant ses ordres au moyen d'un petit tambour. Les autres notables précèdent immédiatement le brancard, à part le porte-croix et les acolytes, et portent, au moins pour quelques-uns certains insignes de l'autorité suprême, comme le sabre par exemple. Immédiatement après la croix marchent les musiciens annamites; les instruments les plus ordinaires sont les flûtes et les violons, ajoutez-y le triangle et la grosse caisse en peau de buffle qui sert souvent de cloche dans nos églises et vous aurez une idée d'une fanfare tonkinoise telle que je la connais jusqu'aujourd'hui. Si à l'avenir il y a des modifications je vous les ferai connaître peut-être. A la suite du brancard se trouvent les catéchistes et les étudiants quand ils sont en vacances, le prêtre les suit et enfin la marche est close par le sexe dévôt qui récite à haute voix le chapelet, pen-

C'est ce qui arriva à notre trop courageux missionnaire. Ses séances prolongées au confessionnal, en dépit de mille avertissements charitables ; sa façon de compter un repas omis par un repas digéré, — sans parler des autres fatigues journalières et antérieures, auraient détraqué des constitutions plus fortes que la sienne. On ne fut donc pas surpris quand un jour il se plaignit de douleurs au foie. Mais il n'y fit guère attention ; et même lorsqu'il apprit qu'on avait parlé de son mal aux confrères, il en éprouva du mécontentement. « C'était bien la peine, disait-il, de faire tant de bruit pour si peu, pour un bobo de rien ! » — « Un bobo de rien » qu'il a gardé jusqu'à la fin et qui l'a parfois fait bien souffrir. Ne fallait-il pas qu'il souffrit beaucoup pour être forcé d'interrompre les confessions, et de demander quelques bouteilles d'eau de Vichy ?

Mgr Puginier l'avait cependant obligé de consulter un médecin français, de prendre du repos ; mais l'inaction pesait encore plus au P. Idiart que la fatigue et la souffrance, et il ne voulait pas ouvrir la porte à l'ennui. Il ne songeait donc qu'à continuer son travail dans le district, où il se plaisait beaucoup, quand de nouveau il fut mandé à Hanoi par Mgr Puginier.

Il s'y rendit aussitôt, n'emportant avec lui que les effets nécessaires pour un voyage de quelques jours.

A ce moment, la province de Thanh Hoà était bouleversée de fond en comble. La persécution avait de nouveau semé la

---

dant que les musiciens répètent sans cesse leur sempiternelle mélodie, que le maître des cérémonies, dont j'ai parlé plus haut, ne cesse de battre son petit tambour et que le petit missionnaire et ses catéchistes s'efforcent de crier plus fort que tout ce monde pour faire arriver leurs invocations jusqu'à la Reine de tous les saints. Voilà une escapade de ma plume qui ne vous aura pas mal amusé, n'est-ce pas ? La cérémonie une fois terminée et le prêtre officiant rentré dans sa chambre, les *matadors* ou notables du village vont le « ta » ou le remercier en lui portant des présents, le plus ordinairement c'est une tête de cochon. Le jour du saint Rosaire j'ai eu 6 poulets (cadeau des dames), 7 ligatures et une tête de veau. Quelques jours après je recevais la visite de tout le conseil municipal qui m'a fait don d'une grosse tête de buffle. Une fois j'ai vu porter la tête et la cuisse droite ou gauche d'un ours : j'étais en ce moment à la communauté de Késô et qui plus est, au réfectoire en compagnie des PP. Martin, Escallier, Maguignes et d'autres encore. Les jeunes confrères s'écrièrent (au moins l'un d'entr'eux) ; « Ah ! voilà le frère d'Idiart ! » Après le repas je ne manquai pas d'aller le voir à la cuisine ; en qualité de frère j'en avais bien le droit, n'est-ce pas ?

mort parmi les chrétiens, renversé les églises, dispersé les fidèles. Les troupes françaises étaient en pleine campagne contre la rébellion, et tombaient chaque jour dans des embuscades. La situation de la province était désolante. Le P. Hébert qui en était chargé devait aller refaire sa santé à Hong-Kong. Et cependant, Mgr Puginier ne voulait pas laisser plus longtemps sans tête ce district si éprouvé. Il fallait chercher à relever les ruines passées, à empêcher de nouveaux désastres, à ramener les chrétiens chez eux, et profiter de la présence des Français pour obtenir quelque justice en faveur des chrétiens ruinés; si ceux-ci avaient besoin de direction, ils avaient encore plus besoin de secours : la famine, en effet, faisait parmi eux de tristes et trop nombreux ravages. (1)

Mais avant tout, il fallait se rendre un compte exact de la situation. Mgr Puginier jugea le P. Idiart capable de remplir cette grave et délicate mission. Il lui expliqua donc ses intentions, fit entrevoir quelques-unes des difficultés à

(1) 7 octobre 1886

...Arrivé à ma nouvelle destination (Than-Hoa), je me mis à la recherche de mes pauvres chrétiens; je les trouvai entassés dans quelques maisons chrétiennes, aux prises avec la faim. Ne me demandez pas de vous faire le récit des malheurs de ces pauvres fidèles réfugiés ici tout près du drapeau français et, malgré cela, visés encore par la haine implacable de leurs ennemis. Ils ne peuvent rien faire du tout pour gagner leur vie. S'ils s'écartent un peu de la ville pour aller sur un marché quelconque, ils sont enlevés et ne reparaissent plus. Tous ceux qui n'ont pas pu prendre la fuite à temps ont été impitoyablement massacrés.

. . . .

...Je suis toujours dans la ville de Thanh-Hoa, ou, pour être plus exact, dans un petit hameau tout près de la ville où j'ai fait faire une paillotte pour me loger, loger un curé annamite et mes catéchistes... La consigne porte qu'au moindre incident je dois être le premier prévenu en ma double qualité de chef de maison et de commandant de place.

J'ai mon makila basque avec lequel j'aurai raison des trois ou quatre premiers brigands qui se présenteront chez moi, alléchés par l'odeur de ma peau plus que par celle de mes richesses. J'ai autour de moi des centaines de chrétiens réfugiés ici de tous les points du district; ces malheureux sont ici depuis plusieurs mois sans autre moyen d'existence que le peu de riz que je suis obligé de mendier pour eux auprès des autorités françaises. Chaque jour ils s'entassent en foule auprès de ma porte criant à tue-tête le même refrain : *hay cho con doï lam khang co gi an.* « Je vous salue, Père, j'ai grand faim, je n'ai absolument rien à manger ». Hélas ! et je n'ai rien à donner !... Toutes les misères sont réunies autour de moi, et je ne puis rien pour les soulager ! Est-ce assez navrant ?...

surmonter, détermina quelques points, laissant le reste à l'appréciation du Père : puis S. G. ajouta : « Demain matin, il y a un bateau pour Nam-Dinh, vous allez le prendre. Arrivé à Nam-Dinh, vous aviserez avec le P. Bertaud au meilleur moyen d'arriver le plus vite à Thanh Hoà. » — « Mais, Mgr, je n'ai ni hommes ni effets. » — « Oh ! un homme vous suffit; prenez une couverture et un ou deux habits de rechange, c'est assez; je ne vous envoie que pour peu de temps. Bon courage ! Que le Bon Dieu vous bénisse et vous garde ! » — Et le lendemain, au point du jour, le Père s'embarquait.

Dans sa précipitation à rouler sa couverture et sa poignée de linge, il avait oublié son bréviaire ! Son catéchiste, effarouché d'un voyage si impromptu et aussi peu rassurant, avait eu à songer à bien autre chose qu'au bréviaire de son Père. Celui-ci, en arrivant fort tard à Nam-Dinh, prit à peine le temps de saluer le P. Bertrand, — et demandant un bréviaire, il récita tout son office du jour et matines du lendemain. Si je ne me trompe, c'était l'office du dimanche. Son office achevé, il consentit seulement à manger et à causer un peu. — Des chapelets récités sur le bateau depuis le matin, il aurait certes pu faire compter un Rosaire pour l'obligation de l'office; mais l'usage d'un privilège lui coûtait plus que l'accomplissement d'un devoir, et il se fût fait un scrupule d'y recourir en dehors de l'absolue nécessité.

De Nam-Dinh à Thanh Hoà, le voyage fut peu gai. Les préoccupations augmentaient à mesure qu'on approchait ; comment serait-il reçu, où logerait-il ? Pourrait-il se mettre en relations avec une autorité sans froisser l'autre ? Trouverait-il des chrétiens pour le renseigner ? Autant de questions, autant de sujets d'angoisse. Mais si le Père se méfiait de lui-même, il avait en revanche pleine confiance en Dieu et dans la bonté de la cause qu'il allait traiter.

Et, de fait, Dieu ne lui manqua pas. Si la première entrevue avec les autorités supérieures ne fut pas très chaude, elle ne laissa pas que de produire de bons résultats. Le colonel Pernod offrit un logement au Père. C'était une vieille petite pagode démantelée, ouverte à tous les vents, et située hors de la citadelle. Or, on était si peu sûr de la position, que les patrouilles devaient circuler toute la nuit dans la ville, et qu'on avait placé un factionnaire aux deux extrémités de la pagode où le Père devait rester.

Voici ce que le Père écrivait le 5 octobre 86, de sa nouvelle demeure : « Je suis dans une ancienne pagode, où il n'y « avait rien que la terre nue; tout en zéro, pour tout dire en « un mot. J'ai attrapé un peu de diarrhée depuis que je suis « dans cette pagode tout ouverte, mais ça va bonnement « bien quand même. »

Se mettant aussitôt à l'œuvre, le Père fit toutes les démarches nécessitées par la mission qu'il avait à remplir et par les circonstances. Il n'eût pas à regretter ses courses multiples; au bout de quelques jours, les préventions à son égard étaient tombées : il avait gagné tout le monde.

Il en profita pour assurer le succès de sa cause, c'est-à-dire celle des chrétiens. Parmi ceux-ci, beaucoup quittant la province, s'étaient retirés en Kim Son ; les autres en grand nombre étaient venus se réfugier dans la ville même de Thanh Hoà, où ils manquaient de tout. L'apôtre ne recula devant aucune fatigue, il se fit leur consolateur et leur aumônier, quêtant des secours pour eux, intéressant l'autorité française à leur infortune. Et quand il avait bien couru partout, il rentrait dans sa misérable pagode, écrivait à Mgr Puginier pour lui communiquer tous les renseignements. Son sommeil abrégé par les veilles forcées, était encore troublé par des alertes continuelles. Je ne parle pas du régime auquel il était soumis. « Aujourd'hui, écrit-il le 28 novembre 86, j'ai mangé ma « première bouchée à 1 h. 1/2 de l'après-midi ; mais en « revanche j'ai mangé un morceau de cochon, sans songer à « la vigile de saint André. »

Et un peu plus tard, il écrivait encore : « Mon cuisinier « fait des efforts surhumains, mais ne fait rien quand il n'a « rien, comme aujourd'hui , par exemple; pas moyen d'avoir « même du poisson. »

Comme c'était fortifiant ! Si les officiers n'avaient pris l'habitude de lui envoyer des vivres ou de l'inviter à leur table, je crois que le Père serait mort d'épuisement. S'il a contracté quelque part sa maladie de poitrine, c'est certainement à Thanh Hoà et à cette époque. Les autres privations subséquentes, quelquefois volontaires, plus souvent forcées, développèrent le germe du mal, qui se trahissait ensuite chaque hiver par des rhumes de plus en plus violents. Le froid d'ailleurs de l'hiver 86 se fit sentir rudement dans la triste pagode. Nous savons en effet le riche mobilier amené par son possesseur temporaire. Lui-même écrivait le 5 octobre 86 : « Je n'ai qu'un ao lot (chemisette) « pour mon usage. » Et ces privations se prolongèrent.

En août 87, il écrit : « ...Par la même occasion, j'écris à « nos deux Grandeurs. Si S. G. de Mauricastre n'y met pas « trop de mauvaise volonté, elle verra par la lecture de ma « lettre, que j'ai eu au bout de ma plume les deux vers de « Boileau :

« L'argent, l'argent, dit-on, sans lui tout est stérile :
La vertu sans argent n'est qu'un meuble inutile. »

« Et sa Grandeur de Chrysopolis fera observer qu'il faut « m'envoyer de l'argent pour ne pas mourir de faim. Mais, silence ! »

Les jours et les semaines passaient, mais les évènements ne s'amélioraient pas aussi vite, et le séjour du Père se prolongeait sans fin. Le 16 décembre 1886, Mgr Puginier lui écrivait : « Je comprends très bien les difficultés de votre « position et les peines nombreuses que vous devez éprouver. « Il ne faut pas craindre de me les communiquer, tant pour « me renseigner, que pour vous procurer du soulagement.

« En vous envoyant à Thanh Hoà, je pensais que ce « serait pour un ou deux mois, et que la situation s'améliorant, vous pourriez revenir ; mais l'état des choses allant « en empirant, votre présence à la ville est de plus en « plus utile. Vous ferez donc bien de vous procurer les « effets les plus nécessaires, dans la prévision d'avoir à passer « encore plusieurs mois à Thanh Hoà. »

Le Père reçut cette lettre le 11 janvier 87. — Combien de temps auraient donc mis à venir les effets qui étaient à Son Miêng ? Aussi ne fit-il rien venir, et passa comme il put le reste de l'hiver, se réchauffant au feu du zèle et de la charité qui brûlait dans son âme.

Au mois d'avril 87, grâce à la sollicitude paternelle de Mgr Puginier pour les chrétiens de Thanh Hoà, une cargaison de riz arrivait au Père pour les paroisses de My Diên, Muc Son, Ké Bên et Nhân Lô. Le Père dut prendre toutes les dispositions nécessaires pour assurer la répartition selon les intentions de S. G.; là encore que de courses, que d'ennuis, que de soucis et de responsabilités ! (1)

Cependant les chrétiens revenaient peu à peu chez eux; mais comment rétablir leurs cases? Ils ne retrouvaient que l'emplacement vide et nu comme le chemin. Ce que l'incendie n'avait pas brûlé, les païens se l'étaient approprié; les haies de bambous avaient été rasées et arrachées, les arbres coupés, les mûriers même déracinés; les bœufs, les buffles avaient été volés; en un mot, ils se trouvaient sans ressources. Le Père se fit leur avocat auprès de l'autorité, et profita des bonnes dispositions de celle-ci pour faire rendre les biens et le mobilier enlevés par les païens. Il obtint aussi d'autres avantages qui dédommagèrent en partie les chrétiens. — (Exemption de l'impôt, par exemple.)

Les fatigues que lui causait la défense des intérêts des chrétiens ne l'empêchaient pas de se dévouer également aux soldats malades. Bien qu'il ne fût pas aumônier, il les visitait cependant chaque jour à l'hôpital. Le choléra s'étant déclaré au printemps, le Père se multiplia pour apporter aux victimes du fléau les consolations et les espérances de la religion. Au mois de mai, il était encore là, leur consacrant tous ses soins. D'ailleurs, pendant toute la durée du séjour de l'armée à Thanh Hoà, le Père fut ainsi au service des blessés et des malades.

Pour se reposer, le Père alla rendre visite quelque temps

---

(1) 30 avril 1887.

... La guerre est terminée, le calme a succédé à la tempête, mais, en revanche, nous nous trouvons aux prises avec la famine et le choléra; les routes sont pleines de mendiants, vrais squelettes vivants. Du matin au soir mes oreilles entendent le même refrain : « J'ai faim, j'ai faim! ayez pitié de moi, ayez pitié de moi ». Si je pouvais exprimer le *ton*, vous prendriez la fuite au bout de cinq minutes.

Les païens m'envahissent de tous côtés, comme si je n'avais pas assez de peine à entretenir mes chrétiens de manière à les empêcher de mourir de faim. Deux curés indigènes de la Province m'écrivent qu'ils ne peuvent plus rien donner, ne possédant plus rien ils ont recours à moi. J'attends bien mille piculs de riz, mais ils n'arrivent pas. Ajoutez à cela que nous avons le choléra un peu partout; les malheureux païens font des sacrifices pour apaiser leurs divinités. Il y a, à côté du hangar qui me sert de chapelle, une petite pagode où l'on fait parfois un tintamarre d'enfer. Jugez du contraste...

après (9 mai 87) au P. Wilar fixé à Huû Laû. Depuis longtemps cette entrevue était désirée de part et d'autre; mais les occupations, les troubles et les dangers du voyage s'y étaient opposés jusque-là. (1)

---

(1) Thanh-Hoà, 10 juin 1887.

Monsieur et bien-aimé Curé,

Vous me prenez donc pour un bien grand personnage !... Je vous assure, sans aucune fausse humilité, qu'au physique je n'ai pas grandi d'un pouce et qu'au moral je n'ai fait que perdre. Pour ne pas vous redire toujours les mêmes choses autant que possible, je vous parlerai d'un grand voyage que je viens de faire à travers une partie du district; je ne vous raconterai pas assurément tout ce que j'ai vu et appris dans ma tournée, mais seulement les choses les plus saillantes.

Parti de Than-Hoa le 10 mai, je n'y suis retourné que le 31 du même mois. J'ai marché quelquefois en barque, le plus souvent à pied et sans souliers; aussi, si vous voyiez la couleur de la peau de mes pieds !... Mon compagnon de voyage est le Père Willar, mon confrère. Le premier jour, nous arrivons, pour le soir, dans un poste français où nous dînons à la table du commandant Duchêne, homme d'une taille gigantesque, qui devait mourir du choléra deux jours après, laissant sa femme inconsolable. Après dîner, nous prenons la barque afin de voyager toute la nuit et arriver au chef-lieu de la paroisse la plus voisine, assez tôt pour pouvoir dire nos messes, le lendemain. Malgré tous les efforts de nos barquiers, nous sommes obligés de renoncer à la consolation de les célébrer; mais, en revanche, nous avons celle de visiter, dans une pagode, et d'encourager un peu quelques pauvres soldats français dont l'un a le choléra, un autre une forte fièvre, etc., etc. Arrivés à Ké-Laù, chef-lieu de la première paroisse que nous voulons visiter, nous y passons la nuit et, le lendemain, après nos messes, après notre modeste déjeuner, nous nous remettons en marche pour arriver à Huù-Laû, où mon confrère a passé un an et demi, complétement isolé de ses confrères, dans la société des tigres, des sangliers, des bœufs sauvages, des cerfs, etc., etc. Je crois vous avoir parlé de Huù-Laû, de ses charmes. Les collines et les hautes montagnes qui l'avoisinent, en forme de demi-cercle, offrent un tout autre aspect que les collines et les montagnes de France : nous sommes dans un pays sauvage. Impossible de se payer le plaisir d'une promenade à travers la forêt; la brousse y est tellement dense qu'on ne peut pas y marcher durant un quart-d'heure sans s'y égarer presque complètement; ajoutez qu'on est piqué, d'une façon fort peu agréable, par de petites sangsues des bois fort incommodes; de plus, vous pouvez, d'un moment à l'autre, vous trouver face à face avec le tigre. La maison de mon confrère est située à quelques centaines de mètres de la forêt, au milieu des rizières. C'est une modeste paillotte, mais qu'on y dort tranquille, excepté quand le tigre entre dans la loge aux cochons pour y prendre le plus gros de ceux-ci !... A 20 minutes de la maison s'élève une colline ou plutôt un immense rocher qu'on voit de très loin à cause de son élévation. C'est sur ce rocher que la piété de mon confrère a planté une grande croix de bois, le jour de l'Invention de la sainte

Les deux Pères se confièrent leurs peines, leurs craintes et leurs espérances, puis arrêtèrent une ligne de conduite commune pour les affaires à traiter. Désormais, puisque les

croix. Je n'ai pas eu la consolation d'assister à la fête, mais j'ai eu celle d'assister à la bénédiction renvoyée à quelques jours de là, à cause de moi. C'est au pied de cette croix que j'ai adressé à Dieu la plus fervente prière que j'aie faite peut-être depuis longtemps. Pendant le chant du *Vexilla Regis*, mon confrère me prie de dire quelques mots aux fidèles présents. Je lui réponds que je n'ai rien préparé dutout, mais, comme le sujet n'est pas difficile, je m'exécute sans me faire prier.

« Cette croix, plantée sur ce rocher sauvage au lendemain d'une grande persécution et dans un temps où tant d'ennemis nous menacent de tous côtés, sera un encouragement et un stimulant pour notre foi. La course pénible que nous avons dû faire pour monter jusqu'au sommet de ce rocher nous donne une idée des peines et des difficultés par lesquelles le chrétien doit monter au ciel, objet de ses désirs. » Voilà, en résumé, toute mon allocution. La cérémonie terminée avec les prières pour toute la sainte Eglise catholique, pour le Pape, pour toute la Mission, pour le Thanh-Hoa et, enfin, pour la paroisse, nous rentrons chez nous un peu fatigués mais contents comme des rois. Ceci se passait le vendredi, fête de l'Apparition de saint Michel (renvoyée du 8). Trois jours après, 17 mai, second jour des Rogations, nous nous remettons en barque pour redescendre à Ké-Laû, pour, de là, nous rendre à un autre chef-lieu de paroisse appelé Ké-Béis. Ici nous ne trouvons que des ruines : la cure et tout le village brûlés; un petit hangar servant de chapelle, provisoirement; les pauvres chrétiens, récemment revenus de l'exil, aux prises avec la faim et logés dans des paillottes ne ressemblant à rien moins qu'à des habitations d'êtres humains. Voilà le spectacle que nous aurons à considérer bien souvent d'ici au jour de notre sortie de la Province. Une petite croix en maçonnerie, qui se trouve près de la pauvre église, indique l'endroit où, il y a trois ans à peine, 80 ou 100 chrétiens ont été brûlés vifs pour n'avoir pas voulu apostasier. De Ké-Béis nous montons à Phu-Luaû, autre chef-lieu de paroisse (remarquez que les étapes se font plus vite et plus facilement sur le papier que sur les chemins; pour aller d'un bout à l'autre du district de Thanh-Hoa, où je me trouve seul en ce moment, mais sans en être chargé ni officiellement ni officieusement, il faut 3 à 4 journées de bonne marche). A Phu-Luaû, l'église n'a pas été brûlée; aussi, quoique très modeste encore, ressemble-t-elle à une vraie cathédrale auprès des autres églises de la Province. Les sauvages appartenant à cette paroisse souffrent de la faim plus que les autres chrétiens, et Dieu sait si ceux-ci mangent toujours selon leur appétit. A une heure de Phu-Luaû nous avons visité une ancienne citadelle, bâtie, il y a plus de 200 ans, par la dynastie des Hô, et qui est un vrai chef-d'œuvre. Les portes, qui sont très-belles, sont en pierres de taille d'une grosseur gigantesque et d'un travail achevé. On s'étonne réellement quand on pense que des Annamites, ont pu, sans aucune des machines dont on dispose en Europe élever à une hauteur considérable des blocs de pierres d'une pareille grosseur. Nous quittons Phu-Luaû le lendemain de l'Ascension pour chemins étaient plus libres, on s'arrangerait de façon à se rencontrer plus souvent. Hélas ! ce projet devait rester à l'état de projet : bientôt après, en effet, le P. Wilar tombait dans un monstrueux guet-apens ; un coup de fusil tiré à bout portant l'étendait mort.

Le P. Idiart se retrouvait seul — 27 octobre 87 — pour réparer dans cette vaste province les ruines matérielles et morales amoncelées par la persécution et la rébellion. Il voulut d'abord s'en rendre un compte exact. Il parcourut donc les six paroisses, faisant l'administration dans le plus grand nombre possible des chrétientés. Son intention n'était pas d'apporter alors remède à tout, mais de connaître les besoins de ses ouailles, afin d'en référer, de prendre conseil ; puis, dans une seconde administration moins rapide, tranquille et soignée, il pourrait avec chance de succès arranger les difficultés et panser les plaies.

---

nous rendre à Mi-Dien et Ké-Dua, deux autres chefs-lieux de paroisses. Ces deux paroisses ont été détruites complètement, on peut le dire. (Remarquez qu'une seule paroisse comprend jusqu'à 15, 20, 30, 40 chrétientés éloignées quelque fois les unes des autres de plusieurs heures). Toutes ou à peu près toutes ont été détruites de fond en comble. La paix est revenue, cependant, et les chrétiens sont rentrés chez eux et refont leurs pauvres maisons. Notre visite les a rassurés un peu. Ké-Dua se trouve à une heure et demie de Badinh, le fameux ; j'y passai et repassai une première fois avec mon confrère et une seconde fois tout seul. De Ké-Dua, en poursuivant toujours notre course, nous arrivons à Dien-Lô ; cette paroisse ne fait plus partie de Thanh-Hoa ; aussi quel changement ! quel bien-être relatif ! les églises sont belles, les chrétiens nombreux, plus nombreux que les païens, font de joyeuses processions en l'honneur de Marie ; enfin nous respirons un air de liberté. Je vais être bientôt au bout de mon papier, je termine ma longue lettre par l'histoire d'un nez cassé : Le lendemain de notre sortie de la province de Thanh-Hoa, nous arrivons au collège de Phuc-Nhac où trois de nos confrères consacrent leur temps et leurs fatigues à l'éducation de 150 futurs catéchistes. Jugez de la joie commune !! Parmi ces trois confrères il y en avait un que je n'avais pas encore vu depuis mon entrée en mission !... J'étais content et je commençais à me reposer un peu des fatigues d'un long voyage lorsque, le lendemain même, je reçois une lettre de mon Evêque m'ordonnant de rentrer de suite à Thanh-Hoa pour affaires pressantes et très sérieuses. *Berrogeia !!* Dès le lendemain, vigile de la Pentecôte, je me remis en route pour arriver pour le soir à Ké Dua ; le jour de la Pentecôte, je dis ma messe de bonne heure et poursuivis mon chemin sans pouvoir rien manger dutout, sous un soleil brûlant. Arrivé à Mi-Dien, dans l'après-midi, j'y passai le reste de la journée du dimanche et toute celle dn lundi, couché presque toujours sur ma natte. Enfin, le mardi, je retonrnai à la ville où j'attends de nouveaux ordres. J'ai su que le Gouvernement du Protectorat a accordé un crédit de 5,000 fr. pour les chrétiens de Thanh-Hoa.

Environ toute une grande année fut consacrée à cette visite, et le Père s'en acquitta avec un zèle que la prudence n'arrivait pas à modérer. Il croyait ses forces inépuisables; et non content de les dépenser généreusement, il négligeait encore de les entretenir ou de les réparer par une alimentation convenable. Aussi écrivait-il, le 3 octobre 89 : « Depuis « quelques jours mon foie me donne de ses nouvelles; mais « tant qu'il ne criera pas davantage, et qu'il se contentera d'un arrosage de teinture d'iode, ça n'ira pas trop mal. » — Le régime des privations fleurissait toujours. — Ses catéchistes peuvent attester que ses repas étaient souvent abrégés sinon supprimés, — et le menu de ceux qu'il prenait était réduit à la plus simple expression, quand il n'avait pas l'occasion de tuer une pièce de gibier. — Les gens étaient pauvres, le marché était éloigné, bah! un peu de poisson et de riz pouvait suffire pour une fois on n'en mourrait pas, et demain il ferait des provisions à la chasse. Seulement comme la pauvreté régnait dans toutes les chrétientés, c'était une réédition journalière des mêmes raisons, et... des mêmes privations. Très souvent, il manquait même de graisse pour faire sa pauvre cuisine. Un jour, le marmiton aux abois n'eut d'autre ressource pour faire la soupe, préparer le cari et rôtir le gibier tué en route, que de puiser furtivement dans une boîte de fromage apportée par un visiteur. La cuisine au Romatour! Ce que nous nous en payâmes... des bosses de rire.

En même temps que le Père s'occupait de ses chrétiens, il rendait encore mille services aux autorités françaises. Il se tenait au courant des manœuvres des rebelles toujours prêts à reprendre l'offensive ou se retranchant dans des fortins redoutables. Le Père faisait diligence pour prévenir les chefs des postes menacés, écrivait au commandant de Thanh Hoà, et même au Résident, afin de ne blesser aucune susceptibilité. Ses renseignements étaient justement appréciés, car ils étaient toujours l'expression de la vérité. Aussi ne craignait-on pas de l'importuner pour en obtenir.

Il faut dire d'ailleurs que les militaires se montraient très reconnaissants envers le Père. J'ai déjà rappelé l'attention qu'ils avaient de lui envoyer des provisions ou de l'inviter; mais il y avait plus : les officiers estimaient et aimaient beaucoup le P. Idiart. Sa franchise leur plaisait, sa bonté les gagnait, et son dévouement aussi bien que sa vertu leur allait au cœur. Ses qualités inspirèrent même à l'un d'eux une pièce de poésie, où l'auteur élargissant son sujet, chante non seulement les vertus du P. Idiart, mais encore les bienfaits et la sainteté des apôtres, des prêtres et des religieux, — décochant tous les traits de son indignation contre les méchants imbéciles qui les attaquent. Voici d'ailleurs un échantillon :

V.

« Vous appartenez, Père, à cette grande race
« De moines courageux, allant par tous les temps
« Et sous tous les climats, apporter à la masse
« De gens sans foi ni loi, de nombreux mécréants,
« La Religion du Christ ; vous êtes de ces prêtres
« Qui partout et toujours forcent l'admiration.
« ....Je ne saurais chanter
« Vos louanges avec le talent de tant d'autres
« . . . .

« Mais je dirai quand même, en prose s'il le faut,
« Vos vertus. »

A titre de curiosité, citons encore les deux sonnets suivants :

Au R. P. IDIART

« Pouvoir chanter le Missionnaire,
« Et proclamer son dévouement,
« Pouvoir dire sa vie austère,
« Sa charité, son zèle ardent ;

« Acclamer, ce prêtre, ce Père,
« Le jour, la nuit, à tout moment
« Allant, en faisant sa prière,
« Tout seul, par n'importe quel temps,

« Porter à la foule ignorante
« La foi que sa ferveur ardente
« Fait aimer de tous, en tout lieu :

« Ce serait pour moi douce chose ;
« Mais je m'arrête, — car je n'ose,
« Chanter si mal l'élu de Dieu. —

Poste de Nga Lo. 28 novembre 87.

L'autre est une invitation :

Au R. P. IDIART

« Dimanche soir, Père à ma table,
« Vous aurez rognons et canard,
« Du cari, ce mets délectable
Que vous aimez. Si par hasard

« Vous trouviez pourtant préférable
« Un pied de cochon ou du lard,
« J'en ai. Soyez assez aimable
« Pour venir ! — Et puis sur le tard

« Vous aurez pour bonne couchette
« Un lit de camp, où votre tête
« Reposera jusqu'au matin.

. . . .

2 décembre 87.

Quand les troupes quittèrent Thanh Hoà, ce fut une scène bien touchante que celle des adieux entre les officiers et le P. Idiart. C'était loin d'être une froide formalité officielle ; les sentiments d'amitié exprimés au Père étaient si bien au fond des cœurs, que malgré les distances, les années et les nouvelles préoccupations du moment, un certain nombre d'officiers entretinrent depuis des relations épistolaires avec le Père ; d'autres s'informaient de lui auprès des camarades demeurés au Tonkin. Quand ils apprirent sa maladie, ils lui envoyèrent leurs souhaits de guérison, et quelques semaines avant sa mort, le Père recevait encore de France et d'Afrique, à l'occasion du nouvel an, les témoignagnes de leur sincère estime et amitié. C'est qu'aussi partout et toujours, le Père s'était montré pour eux et leurs soldats un auxiliaire précieux et un ami dévoué.

L'autorité civile, moins démonstrative, savait pourtant reconnaître les mérites du missionnaire, et le traitait avec égards. Il n'y eut qu'une exception. En parlant de celui qu'elle concerne, le Père disait : « C'est le plus grossier personnage que j'aie jamais rencontré. » Quand on sait la patiente charité du Père, on peut deviner ce qu'il dut souffrir, pour être forcé de porter un pareil jugement.

Le P. Idiart usa de ses bonnes relations pour obtenir justice et protection à ses chrétiens. Ses requêtes étaient si bien présentées, appuyées sur de si bonnes raison ; il était lui-même si complaisant, qu'on n'osait les rejeter; tout au plus les laissait-on attendre quelque peu ; — et, de bon cœur ou à regret, peu importe, finalement on faisait droit à la justice de ses demandes. Il est vrai que la patience du Père ne se rebutait pas d'un accueil plus ou moins favorable; il revenait à la charge sans se lasser. Ne se laissant guider que par l'intérêt du bien général ou de ses chrétiens, il ne craignait pas de démasquer avec autant de fermeté que de modestie, les intrigues de la partie adverse, et la fausseté de ses affirmations.

L'affaire où il montra surtout son énergie, sa patience et sa constance, est celle de la restitution des champs de Cua Bang, volés par les villages païens voisins, lors de la grande persécution. Les démarches faites précédemment pour obtenir cette restitution avaient toutes échoué. Soutenus par les hauts mandarins de la province, forts de ressources pécuniaires dont ils disposaient pour acheter des protections, les païens se flattaient de demeurer toujours en possessions de ces terrains. Les chrétiens de Cua Bang n'avaient plus pour vivre que les produits de la pêche, ressources plus aléatoires que celles des moissons.

Cette affaire paraissait donc classée, quand les chrétiens prièrent le Père de s'en occuper. Celui-ci étudia la question. Après avoir réuni tous les documents, il porta la cause aux mandarins. Naturellement ceux-ci promirent de faire bonne justice, mais ne firent rien. Ils voulaient gagner du temps et désespérer le Père par leurs lenteurs habituelles. Ils ne connaissaient pas encore sa patiente ténacité.

Le Père envoya un long rapport à la Résidence, qui prit la cause en mains. Bientôt M. le Résident ordonnait aux mandarins de régler cette affaire sans retard. Nouvelles promesses, et nouvelles lenteurs. Le P. Idiart s'en plaint, et M. le Résident oblige alors les mandarins à prononcer le jugement. Force leur est de reconnaître que les terrains en litige appartiennent à Cua-Bang. Une fois le jugement ainsi rendu, le Père demanda et obtint une descente de lieu, afin que les mandarins eux-mêmes fissent l'abornement des territoires appartenant à chaque village.

Mais pour assurer le résultat final et échapper aux ruses accoutumées des mandarins et de leurs protégés, prévoyant ce qui allait arriver, le Père pria M. le Résident de se faire représenter par son chancelier, quand on viendrait délimiter les champs et reconstituer le territoire de Cua-Bang. Jugeant la mesure convenable, le Résident délégua son chancelier, auquel il fit donner une escorte respectable de tirailleurs.

Les mandarins ainsi forcés de choisir entre leurs protégés et leurs devoirs, ne voulaient cependant manquer ni aux uns ni aux autres. Ils prévinrent donc secrètement les accapareurs de faire défaut quand on irait poser les bornes. Ceux-ci firent mieux. Ils laissèrent planter les bornes, puis, survenant tout à coup, et poussant des hurlements, ils les arrachèrent sous les yeux des mandarins et du chancelier, et disparurent comme par enchantement.

Aussitôt les mandarins disent au chancelier : « Vous voyez qu'il est impossible de régler cette affaire ; les gens ne le veulent pas ; il faut remettre l'abornement à plus tard. » « Comment ? répondit le Père ; est-ce que les grands mandarins insultés par ces voleurs ne vont pas les arrêter et les forcer à se soumettre à leur sentence ? » Jouant la bonne volonté, les mandarins ordonnent à leurs soldats d'aller chercher les coupables, qui sûrement seraient... introuvables. De fait, les soldats des mandarins ne les trouvèrent pas.

Seulement le Père les fit trouver. Le chancelier et ses tirailleurs ne firent pas fausse route, et comme ils n'avaient pas les mêmes raisons que les policiers des mandarins pour épargner les coupables, du premier coup ils razzièrent l'honnête bande et la ramenèrent aux mandarins qui se frottaient les yeux et se grattaient l'oreille. Instruit par le Père, le chancelier fit comprendre aux mandarins qu'il n'était pas dupe de la manœuvre, qu'il allait télégraphier à la ville, et que si l'affaire ne se terminait pas de suite, il y aurait des cangues pour tout le monde.

Il n'y avait plus qu'à se résigner ; mandarins et voleurs s'exécutèrent : on rendit les champs, les pièces furent signées et les chrétiens remis aussitôt en possession de leurs champs et rizières.

Comme on félicitait le Père d'avoir mené à bien cette affaire. « C'est le Bon Dieu qui a tout fait, répondait-il ; « j'avais fait un vœu au Sacré-Cœur ; j'ai été exaucé ; il n'y a plus qu'à tenir ma promesse, et à remercier Dieu. » Il comptait pour rien tous ses propres efforts et les mesures qu'il avait combinées.

Plus tard, constatant l'insuccès de la pêche annuelle, seule ressource de Cua-Bang : « La restitution des champs, « disait-il, a été vraiment un coup de la Providence. Le Bon « Dieu semble les avoir fait rendre juste pour compenser la « perte du poisson ; au moins les gens ont encore les produits « de leurs terres pour vivre ; sans cela, ils devraient aller « chercher fortune ailleurs. » Et l'action de grâce envers Dieu montait de son cœur à ses lèvres.

Je ne dirai pas toutes les peines qu'il se donna pour relever, avec des ressources nulles ou à peu près, les trois fermes de la mission, ni le soin qu'il prenait pour obtenir une gestion convenable de ces propriétés ; s'il plaçait au-dessus de tout les intérêts spirituels, il ne négligeait pas cependant les temporels : il était aussi bon régisseur que zélé pasteur.

C'est à ces diverses œuvres qu'il consacra la première partie de son séjour en Thanh Hoà.

Au mois de mars 1888, le P. Idiart entreprit d'élargir encore son champ de courses apostoliques, en introduisant la religion chez les sauvages de Vuc Loi. Cette région montagneuse, malsaine une partie de l'année, très éloignée de tout centre, n'était connue du zélé missionnaire que par les rapports que lui en avaient faits quelques habitants descendus dans la plaine, et auxquels il avait rendu service. Les sauvages ne sortent guère de leur territoire ; tout au plus descendent-ils parfois aux marchés de la province les plus rapprochés afin d'y opérer quelques échanges. Ils se suffisent à eux-mêmes, vivent de peu, et se confinent dans leurs vieilles coutumes primitives. Les relations avec la province n'existant pas, à quoi bon des routes ou des chemins ? Ceux qui voudront pénétrer dans le pays n'auront qu'à en faire. Avis aux touristes.

Mais le Père n'était pas touriste, c'était un apôtre. Ayant pris les effets strictement nécessaires, il se mit en route. Le guide ne savait guère mieux le chemin que le Père ; il connaissait à peu près la direction de Vuc Loi, et c'était tout. A l'entrée des montagnes, on s'engagea donc dans le premier sentier venu ; bientôt il fallut le quitter pour se jeter dans la brousse, selon la direction, et rejoindre un autre sentier, où l'on cherche des traces de pas. N'en voyant aucune on se rejeta dans la brousse pour aboutir à un nouveau sentier.

Cette fois on était sur la bonne voie; et, après bien des fatigues la petite caravane arriva heureusement au village.

La réception fut cordiale, les projets du Père furent acceptés après conférence. Les sauvages promirent de construire un logement de catéchiste, une salle de catéchisme, qui servirait provisoirement d'oratoire, (1) et prièrent le Père de leur envoyer bientôt quelqu'un pour leur enseigner les éléments de la religion chrétienne.

Le désir des sauvages fut bientôt comblé. Ils se mirent à l'étude du catéchisme avec beaucoup d'ardeur. Plus tard, ils recevaient un certain nombre, le St Baptême, et la nouvelle chrétienté était dédiée au Sacré-Cœur.

Mais les épreuves inséparables de toute œuvre de foi arrivèrent bientôt Le chef de cette région, Khoat, en état de rébellion plus ou moins déclaré avec les Français, ne voulait pas de chrétiens chez lui, ne voulait pas surtout de la présence ni de l'influence du missionnaire. Après des menaces, il en vint à toutes les tracasseries que le diable suggère aux siens pour entraver les conversions, et se venger de l'abandon où les néophytes le laissaient.

Le Père courut au secours de ses nouveaux chrétiens. Sa présence dissipa l'orage. Afin d'assurer la tranquillité plus solidement encore, et surtout pour fortifier ses chrétiens dans la foi, il demeura à Vuc Loi quelque temps, et y fit une administration très soignée. Chaque jour, il rendait des visites qui lui conciliaient tout le monde, paiens et chrétiens. En son honneur, les sauvages organisèrent une partie de cible au fusil et à l'arc. Peu habitué au fusil des sauvages, le Père lutta cependant heureusement avec les premiers tireurs, et il fut

(1) Je suis au fin fond de mon district, mais dans la partie Nord-Nord-Ouest, en plein pays Muong sauvage ou plutôt montagneux, réputé très malsain, mais où je mène, jusqu'à présent du moins, mon petit train ordinaire. Ici, point de table pour manger, point de siège pour s'asseoir autre que celui que le bon Dieu donna au père Adam lorsqu'il le créa. Poules, canards, chiens, chats, bœufs, etc.; propriétaires de la maison et votre serviteur sont sous le même toit, presque côte à côte. J'ai pour moi un appartement mesurant 4m 5 sur 7 ou 8 m.; il est à la fois salon, dortoir, bureau de travail, confessionnal, etc., etc. J'ai pour premier voisin le tigre qui fait, cette année, d'affreux ravages; c'est par dizaines que se comptent les victimes humaines qu'il a déjà faites: pas plus tard que dans la nuit du 11 au 12 courant, il a enlevé une personne non loin d'ici . . . .

presque aussi heureux ; au tir à l'arc. Toutes ces relations eurent pour effet d'augmenter le nombre des catéchumènes et de rétablir la paix.

Le Père ne ménagea rien pour asseoir solidement cette nouvelle chrétienté. A l'enseignement, aux conseils, il ajouta des secours pécuniaires. Une grande partie des aumônes envoyées par ses amis fut employée à aider ses néophytes, il se privait pour les aider. C'est ainsi qu'il leur acheta deux buffles pour cultiver des rizières ou exploiter la forêt ; ils gagneraient ainsi plus facilement leur vie. Et pendant qu'il s'occupait d'améliorer le bien être matériel de ses sauvages, lui se mettait au régime suivant : cari à la poule, le matin ; cari à la poule, le soir. Le lendemain, pour varier, c'était la même chose, et cela dura tout le temps de son séjour à Vuc Loi.

Or, cette chrétienté fondée avec tant de zèle, d'amour et de sacrifice, retombait bientôt dans de nouvelles épreuves. Voici ce que le Père en écrivait le 16 août 89 : « Pas de chance ! « Les deux buffles que j'avais achetés à mes dépens pour mes nou- « veaux chrétiens, ont fini de vivre comme beaucoup d'autres. « Si le Bon Dieu n'était pas ce qu'il est, c'est-à-dire Bon Dieu, « je serais tenté de dire qu'il n'entend rien aux choses. Com- « ment ! c'est pour favoriser ses intérêts les plus chers que « j'achète deux buffles cent cinquante légatures, et il les « laisse mourir de la peste ! Mais Il est Dieu, et de plus Il est « Bon, infiniment Bon ; voilà pourquoi je dis qu'il a très bien « fait. Ce Bon Dieu vient de me donner treize nouveaux « baptêmes d'adultes à Vuc Loi, et plus de cent catéchumènes « (on en annonce 200) qui viennent de signer leur demande « le jour même de l'Assomption. Voilà le beau côté de la « médaille. Au revers, la famine, la misère chez ces pauvres « malheureux ; impossible de leur faire faire des champs ou « d'aller chercher du bois de construction, plus de buffles ! « Le riz est très cher ; pour une légature, ils ne peuvent « avoir que 6 ou 7 tasses à peine. Je voudrais bien leur venir « en aide, mais je n'ai rien. Au moins quand tu tenais la « banque, je pouvais leur procurer à manger. »

Ce n'était là que le commencement des malheurs. A quelque temps de là, le chef Khoat, sur l'ordre d'autres chefs rebelles, dispersait violemment la chrétienté. L'église, le catéchuménat furent incendiés, les effets pillés, et le catéchiste ne dut son salut qu'à une fuite prompte et rapide. (1)

Quand le P. Idiart reçut cette nouvelle, il en éprouva une profonde douleur ; mais la foi dominant aussitôt : « Elle est « dédiée au Sacré-Cœur, cette chrétienté; elle renaîtra; d'ailleurs « je ne reculerai pas; il y a plus de motifs politiques dans « cette affaire que de haine religieuse, si seulement l'autorité « voulait voir clair et comprendre !... » Il fit son possible pour arriver à ce résultat; malheureusement on ne voulut ni voir ni comprendre ; et, en mai 1891, on en était toujours au même point. Mais le Père ne désespérait pas; il voulait tenter un dernier effort, et il se disposait à partir pour Vuc Loi, après avoir prêché la retraite des catéchistes, quand Mgr Puginier, informé des desseins de l'infatigable missionnaire, de l'état de sa santé et des dangers auxquels il s'exposait dans cette circonstance, lui télégraphia de surseoir à ce voyage. Il ne se consola jamais entièrement de cette dépêche ; et que de fois montrant le poing à celui qui l'avait provoquée : « Ah ! « brigand ! disait-il ; mais c'est bon, désormais je garderai « mes secrets. »

---

(1) Le P. écrivait à cette époque :

Mi-Diéù, 4 avril 1890.

Je vous écris sur mes genoux et au grandissime galop........ mais que voulez-vous que je fasse ? De nouveau mon pauvre district de Thanh-Hoà est envahi par les rebelles et, pour comble de malheur, on vient de faire évacuer toute la province par les troupes européennes ; nous n'avons, pour nous protéger, que des gardes civils indigènes peu habitués au métier des armes, peu aguerris, peu disciplinés et mal encadrés. De grands malheurs nous menacent si le bon Dieu ne vient nous délivrer de nos ennemis.

Je puis être attaqué d'un jour à l'autre; néanmoins je suis plus effrayé par les malheurs dont sont menacés mes pauvres Chrétiens que par le danger que je cours moi-même, car je puis à la rigueur me défendre pendant quelque temps et mes Chrétiens dispersés partout comme des agneaux au milieu des loups, ne pourront pour la plupart espérer de secours de personne. Oh ! qu'il est donc vrai que ce monde est une vallée de larmes et que nous sommes insensés de nous attacher à cette vie, et de ne pas songer davantage à celle incomparablement meilleure, je devrais dire la seule bonne qui nous attend au Ciel. Seigneur, nous vous en supplions, augmentez notre foi !. . sans la foi comment pourrons-nous combattre nos ennemis ?... que de fois le cri de saint Pierre s'échappe naturellement de notre cœur : « Seigneur sauvez-nous, nous périssons. » N'oubliez jamais de prier pour moi, je ne sais pas ce que nous réserve l'avenir ; priez pour que nous restions tous fidèles à notre Bon Dieu, que nous avons choisi librement pour la part de notre héritage.

Notre intrépide venait à peine de finir le premier voyage de Vuc Ļoi, quand il en entreprit un plus pénible encore.

Le P. Idatte se trouvait seul au Laos depuis le mois de janvier. Pour ceux qui connaissent le Laos, il est facile de se figurer les agréments de cette malsaine solitude. Cependant le P. Idatte avait tenu bravement; il avait même su communiquer sa bravoure aux catéchistes et servants placés sous ses ordres; et, malgré toutes sortes de difficultés et d'ennuis, il travaillait avec succès au rétablissement de la Mission du Laos. Mais la maladie survint; et la maladie, à Phu Lê, c'est déjà presque la mort. Il fit donc prévenir le P. Idiart. Celui-ci télégraphia à Mgr Puginier, et se mit en route. C'était dans les premiers jours de mai 88. Malgré le soleil et la fatigue, le Père fit diligence, et après 4 ou 5 journées, arriva près du missionnaire laotien.

Sa présence ranima les courages, ressuscita, pour ainsi dire, le P. Idatte, et mit la joie dans la maison. A la disposition de tous, il reçut les confidences ou l'accusation des fautes, conseilla, consola, fortifia les uns et les autres de telle sorte, qu'ils oublièrent leur isolement et leurs peines. Ce fut comme une fête qui laissa dans le cœur de tous, mais surtout dans celui du Père Idatte, un souvenir de bonheur. Après s'être ainsi donné à tous pendant une huitaine, le P. Idiart redescendit dans son district pour reprendre le cours de ses administrations.

C'est le lieu d'ajouter ici que, dans la suite, le Père Idiart quitta de nouveau sa besogne, sans délai, pour venir recevoir et soigner à Thanh Hoà, le P. Escallier, revenant du Laos et très malade. Malgré les soins empressés du Père et du médecin, le P. Escallier succomba au bout de quelques jours, fortifié et consolé jusqu'à la fin par les saintes exhortations du P. Idiart. Quelque temps après avoir rendu les derniers devoirs au P. Escallier, le P. Idiart devait se faire le compagnon de route et l'infirmier du P. Maquignaz, aussi retour du Laos. Il le conduisit jusqu'à Phin Nûhal, après avoir dû lui administrer en route les derniers sacrements. Et quand le dernier missionnaire quitta le Laos, le P. Idiart donna encore au P. Vervier les preuves d'un dévouement fraternel. A tous ces titres le P. Idiart a bien mérité du Laos.

Mais revenons en Thanh Hoà, ou le Père fait sa seconde visite dans les paroisses, en donnant la mission à toutes les chrétientés. Cette seconde tournée fut ce qu'avait été déjà la première : un temps de salut pour les chrétiens, une vie de travail sans relâche et de privation pour le missionnaire.

En lisant la lettre suivante, écrite en toute simplicité dans l'abandon de l'amitié, on pourra se faire une idée de la vie journalière du Père, sans qu'il soit ensuite besoin de le suivre pas à pas dans le cours de ses pérégrinations apostoliques.

Quân Xà, 28 septembre 89.

« Je retournerai demain à Nhân Lô pour y faire l'administration. — Avez-vous eu un typhon, le 25 ? C'est le second de l'année ; il m'a attrapé chez les sauvages, à 4 grandes heures, quand les chemins sont secs, de la maison de cure, — et à 5 heures au moins de l'endroit où je me trouve. Le 24, on vint me chercher pour aller aux malades. Il était à peu près 2 heures de l'après-midi. J'étais au confessionnal, en train de préparer les enfants de la 1re Communion. J'avais presque fini ma besogne, et je soupirais après le moment où je pourrais m'allonger sur la planche avec une satisfaction d'autant plus grande que je la croyais méritée. Tout à coup on vint m'interrompre et me dire que M. le Curé ne pouvant aller aux malades, j'étais prié de le remplacer. Je partis immédiatement pour tâcher d'arriver avant la nuit noire. Je fis trotter mes sauvages le plus possible, et malgré cela la nuit me surprit une demi-heure avant d'arriver à la chrétienté de Tram, où se trouvait le malade. Je fis le signe de la croix en m'engageant dans la forêt, et tout le monde arriva en paix. J'ai su un peu plus tard que le tigre ne devait pas être loin du chemin ; les sauvages l'avaient senti.

« Inutile de te dire si j'avais un trou dans l'estomac. Je demandai si le riz était prêt : « Oui, oui, Père, il est prêt ; dans un instant il sera ici. — C'est bien. » En attendant je vais réciter mes vêpres. Vêpres étaient dites, matines et laudes aussi ; et le riz, on ne le voyait pas encore arriver. Heureusement que j'avais eu la précaution, avant de partir, de faire mettre dans le panier un vieux morceau de pain, qui soutint le premier choc de mon appétit armé de pied en cap. Enfin arriva le dîner... et un fameux ! va : je m'en souviendrai. Si aux vacances prochaines la curiosité ou une gourmandise trop raffinée te fait naître l'envie de voir comment les sauvages font la cuisine, je te conduirai à Tram ; et puis nous rirons, n'aie pas peur.

« Te parlerai-je de mon retour ? Ah ! c'était le plus amusant. Pendant la nuit, je fus réveillé par la tempête. Bon ! me dis-je, voilà qui va bien! Pourvu que je puisse au moins porter le Bon Dieu à mes 2 malades ! Le jour venu je poussai le monde à travailler *mau lén* (vivement), afin de disposer toutes choses pour la messe, que je dis sans autre incident. Le vent soufflait avec fureur, mais il ne pleuvait presque pas. Je me décidai à porter le Bon Dieu aux malades. Chemin faisant je songeais à la réflexion suivante, le temps est bien mauvais bien peu favorable pour une procession des Roi des rois, mais le Bon Dieu en a bien vu d'autres. Il s'en tirera encore aujourd'hui. En effet, tout se passa pour le mieux ; je laissai mes malades contents, et je rentrai chez moi renouveler la fameuse noce de la veille. Après quoi je pris un *ao toi* annamite (imperméable en feuilles) sur le dos, un gros bambou à la main, j'entortillai ma soutane autour du corps pour ne pas attraper un gros rhume dont je me sentais menacé depuis plusieurs jours, et je partis. En route pour 6 heures au moins, et à pied ! Environ une heure après mon départ, le vent diminua peu à peu ; mais en revanche un vrai déluge d'eau commença à tomber, et, en un instant, mit les chemins dans un état difficile à décrire. Un des servants fit la pirouette deux fois; moi, une fois, mais carrément, impossible de la nier. Je rentrai chez moi un peu de mauvaise humeur, mais enfin bien portant.

« L'Evêque m'a écrit pour m'autoriser à faire des bêtises, (sic). Il me recommande de ne pas faire trop de bêtises. Donc je puis en faire quelques-unes... Je n'ai pas vu la caisse, et cependant je la désire : vendredi et samedi, c'est très maigre ici, et les autres jours on ne fait pas la noce, il s'en faut de beaucoup ! Adieu. B. Idiart.

Mgr Puginier, qui connaissait la manière de faire du P. Idiart, lui avait en effet écrit à la fin d'une lettre, 19 septembre 89 : « Et vous, cher Père, ne faites pas trop de bêtises, « travaillez selon vos forces mais pas au-delà, et n'allez pas « encore dans les endroits malsains. »

Et le 19 octobre 89, revenant sur le même sujet : « Bonne « santé ! Que le Bon Dieu vous garde. Ne faites pas trop de « bêtises. Si vous sentez que vous avez un foie, reposez-vous « tout à fait quelque temps. »

Mais, se reposer, était-ce possible ? Sous prétexte qu'il

n'atteignait pas ce « trop », le Père continua à se dépenser pour le bien des âmes et la gloire de Dieu. Cette visite aux malades, combien de fois l'a-t-il répétée dans les mêmes conditions. Il quittait tout pour aller aux malades le fût-il lui même; des confrères en vacances chez lui en ont été témoins; il bravait tous les temps et les distances; jamais il ne se déchargeait sur un prêtre indigène; de jour, de nuit, il courait où un malade l'appelait. Et pour lui procurer le bienfait de la communion, il n'hésitait pas à doubler ses fatigues.

Aussi était-il forcé bientôt d'avouer (en octobre 89) : « Bien que je ne sois pas malade, je suis néanmoins un peu fatigué, plus ou moins patraque: je ne mange pas beaucoup, digestion très difficile, presque nulle. J'avais essayé d'acheter une bouteille d'eau de Vichy chez le Chinois, il n'en a pas. Heureusement que le foie ne crie pas trop fort. »

Il est encore une œuvre à laquelle le P. Idiart se dévoue de tout son cœur, durant les derniers temps de son séjour en Thanh Hoa, et même après. C'est celle de l'église de Cua Baug. Voici à quelle occasion il en conçut le projet. (1)

En 1890, la rébellion menaçait de nouveau les chrétiens de Thanh Hoa. Des malheurs étaient d'autant plus à redouter que le retrait des troupes de cette province laissait à quelques centaines de miliciens seulement la charge de maintenir l'ordre et la paix. C'était peu rassurant. Assez longtemps on dut monter la garde pendant la nuit pour se garder des surprises; missionnaires et catéchistes se relayaient avec les chrétiens. En prévoyant une nouvelle édition des grands malheurs de 85-86, le P. Idiart se prenait à douter de son courage. Mais dans sa foie vive, il appela Dieu au secours. Pour assurer à son district la protection divine, le Père fit vœu de s'employer de toutes ses forces et le plus vite possible, à la construction d'une vaste et belle église dédiée au Sacré-Cœur. Quant au choix de Cua Baug pour l'emplacement de cette église, il était dû au souvenir de Saint-François Xavier, que la tradition fait aborder à cet endroit, quand il vint évangéliser le pays.

Ce vœu prononcé, le P. Idiart se mit aussitôt en mesure de pouvoir le réaliser. Il écrivit en France pour solliciter des secours, et de son côté il économisa encore plus, afin d'augmenter ses ressources. Il a employé jusqu'à ses distractions;

(1) Voir l'épilogue.

car désormais il ne sortit plus sans son fusil. Les aigrettes, jusque-là épargnées, furent toutes surprises de la guerre acharnée que leur déclara tout à coup ce petit chasseur, hier encore si bénin pour elles; d'où lui venait subitement tant de cruauté? C'est qu'elles portaient de l'or sous les plumes de leurs ailes, et qu'il fallait de l'or pour la caisse de l'église du Sacré-Cœur : donnant, donnant; son plomb contre leur or.

Ses pieuses industries rapportèrent au Père une somme relativement importante. Aussitôt il chargea le curé de la paroisse d'acheter de beau bois, de rassembler des matériaux, et lui-même s'occupa du plan de la future église. D'après ses combinaisons, l'église devait être solennellement inaugurée le jour de la fête du Sacré-Cœur, en 1891.

Malheureusement des retards, causés par l'état troublé du pays, empêchèrent de se procurer les matériaux nécessaires dans le délai prévu tout d'abord; puis au mois de juillet de cette année 91, le Père devait, à son immense regret, quitter son district, son cher Thanh Hoa, pour n'y plus revenir. Mais, après son départ comme avant, il prit à tâche l'exécution de son vœu, et ne cessa de quêter pour l'église du Sacré-Cœur. Un regret, si c'en est un, fut pour lui de mourir avant d'apprendre que son vœu était réalisé; mais une de ses dernières pensées fut encore pour l'église de Cua Baug, car il en parla et exprima même le désir d'y envoyer son offrande de mourant. Puisse son zèle trouver des héritiers, et le Sacré-Cœur voir son église dominer bientôt la mer et les rivages de Cua Baug !

Il y avait cinq ans que le Père Idiart était en Thanh Hoa. Les circonstances difficiles où il s'était trouvé à peu près tout le temps, et l'heureux succès de ses démarches avaient révélé sa valeur. Infatigable au travail, patient dans les contradictions, prudent et ferme dans le gouvernement des paroisses, déférant jusqu'au scrupule envers son Vicaire Apostolique; bienveillant et juste envers tous ceux qui étaient sous ses ordres, prêtres et catéchistes, énergique à maintenir partout l'observation de la règle et des coutumes de la Mission, sans faiblesse pour personne, exemplaire dans toute sa conduite, gouvernant son district d'après ce principe : aimer et se faire aimer; toutes ces qualités n'avaient pas échappé à Mgr Puginier. Aussi le poste de Hanoi étant devenu vacant, S. G. choisit son cher P. Idiart pour y remplir les fonctions de curé de la cathédrale et de Procureur.

Cette nomination fut un gros chagrin pour le titulaire. Qu'allait-il devenir loin de son Thanh Hoà ? Car c'était le sien ; son cœur n'y était-il pas inséparablement attaché ? L'en arracher : autant mourir ! Ah ! que parfois l'obéissance coûte au cœur ! Mais l'évêque avait parlé : il n'y avait qu'à obéir. Seulement que de soupirs, que de tristesse quand il en parla en secret à son compagnon ! Ses regrets de quitter Thanh Hóa étaient si vifs, disait-il, qu'il ne pourrait plus en sortir, croyait-il, s'il y retournait chercher ses effets. Et les 50 nouveaux chrétiens de Hoai Yên qui attendaient son retour pour recevoir le Baptême ? Il leur avait promis une si belle fête ! Non, il ne pourrait les laisser ainsi; mieux valait ne pas retourner là-bas, et faire ce nouveau sacrifice. Plus tard quand le temps aurait adouci les regrets, il irait revoir le pays de ses prédilections.

Et le Père ne retourna pas en Thanh Hoà. Il attendit ses bagages à Phuc-Uhac, et quand il eut vu revenir son château flottant, le précieux et légendaire Ba Lang, il alla prendre possession de son nouveau poste. (1)

Curé de la cathédrale de Hanoi. Malgré le titre, ce n'était point pourtant une grosse prébende, une sinécure hono-

---

(1) Voici ce qu'il écrivait à cette occasion :

Hanoï 14 septembre 1891.

.... Depuis 2 mois, j'occupe une nouvelle position. J'ai quitté mes montagnes et mes forêts que j'aimais, pour venir à la ville, vivre à coté de mon révéré Vicaire Apostolique Monseigneur Puginier. Malgré les efforts désespérés que le démon a fait ces derniers temps pour arrêter le magnifique mouvement de conversions dont nous sommes les heureux témoins, les populations viennent à nous de plus en plus nombreuses. Monseigneur Puginier a pu enregistrer plus de 5,000 baptêmes d'adultes et plus de 3.000 d'enfants à l'article de la mort. Les catéchumènes qui sont en train d'étudier ou qui sollicitent la faveur de posséder un catéchiste chez eux, se chiffrent par milliers et le nombre en augmente tous les jours. C'est le cas ou jamais de rappeller la parole du Divin Sauveur. « La moisson est abondante mais les ouvriers font défaut ; priez donc le propriétaire de la moisson d'envoyer des ouvriers faire la récolte. » Nous ne pouvons pas suffire à la besogne. Priez toujours pour nous, afin que le Bon Dieu nous donne le véritable esprit apostolique, priez aussi pour les pauvres païens encore si nombreux hélas ! afin que Dieu leur ouvre les yeux et qu'ils voient enfin le bon chemin qui conduit à la vie éternelle. En priant dans l'un des coins de votre église, vous pourrez opérer des conversions. Sans doute, plus d'un de ceux que j'aurai le bonheur de baptiser, vous devra, après Dieu, la grâce d'être devenu enfant de Dieu et de l'Eglise.

rifique qu'il allait occuper. Avant lui, les deux missionnaires chargés du service qui lui incombait à lui seul, se plaignaient de ne pouvoir souvent y suffire.

Mgr Puginier avait bien promis un vicaire, mais pour un peu plus tard. Les mois se passèrent, et le Père demeura seul. La besogne se fit quand même, mais on devine au prix de quel labeur. Les jours n'y suffisant pas, le Père les allongea de la plus grande partie de la nuit. Et comme si les préoccupations de la procure et de la paroisse franco-annamite n'eussent pas été suffisantes, le Père s'occupa encore des nouveaux chrétiens des environs. Le plus souvent possible, il allait les visiter, s'assurer que les catéchistes faisaient leur besogne, et régler les affaires courantes. Il partait dès le matin, ayant à peine rompu le jeûne par quelques bouchées de pain et un reste de viande.

Au retour, il fallait recevoir des visites sans nombre, écouter mille réclamations, s'occuper des terrains, des maisons; courir à la Résidence, aller aux malades; faire les commissions des confrères, se rendre au bateau, être au service de Mgr; que sais-je encore ! C'est à peine si on lui laissait le temps de dire son bréviaire. Le soir, il fallait confesser, préparer les sermons, mettre les comptes à jour, répondre aux lettres, mettre les papiers en ordre, etc., sans compter l'imprévu.

Les jours où ce train ordinaire laissait au Père quelque répit, c'était alors le curé qui se mettait en route. Mettant à profit la complaisance et les connaissances du P. Drouet, qui l'a secondé d'ailleurs d'une façon aussi charmante qu'entière, ils parcouraient les différents quartiers de la ville, afin de faire connaissance avec les paroissiens, français et indigènes. On peut dire que le P. Idiard prit tous les renseignements nécessaires à l'utile gouvernement d'une paroisse et à la destruction des abus qui naissent d'une organisation imparfaite.

Dans ce but, il établit des groupes parmi les chrétiens indigènes. Chaque rue eut son chef, chargé de prévenir la cure quand des malades se trouveraient en danger, ou quand il se produirait des faits nécessitant d'une manière ou d'une autre l'intervention du Père. Les confréries reçurent une impulsion nouvelle et féconde; le service religieux fut réglé comme il ne l'avait pas encore été jusque-là, et les résultats heureux de ces diverses mesures récompensaient déjà le zèle du curé.

Les catholiques français, les enfants surtout, furent l'objet de sa sollicitude pastorale. Il désirait leur faciliter l'accomplissement de leurs devoirs religieux, et leur faire entendre les enseignements de la Foi. On chercha un moyen de grouper les bonnes volontés de chrétiens plus fervents. Et bientôt Mgr Puginier instituait l'association de la Bonne Mort, qui recruta vite un bon nombre de membres; et tous les mois, ils ont une réunion spéciale avec messe et sermon.

Le zèle du P. Idiart se dépensait ainsi, sans souci de la fatigue. « Le foie avait bien déjà crié un peu — comme il disait, — mais pas trop fort, — et alors cela ne comptait pas. » Dans le courant de l'hiver, une toux qui dégénéra rapidement en rhume très violent, vint rappeler au Père que les forces humaines ont une limite. Mais, « il en avait déjà vu bien d'autres, des rhumes, et il n'en était pas mort. » Mgr Puginier le força cependant à se soigner et à prendre des précautions. Il s'y soumit; mais n'en continua pas moins de travailler comme par le passé. Hélas ! c'était le dernier coup de collier.

Le 18 février, après un coup de toux légère mais sèche, le Père sentit comme un morceau lui monter à la gorge. A ce moment, il tenait compagnie à un officier en visite chez Mgr Puginier, lequel fatigué et déja atteint de la maladie qui allait nous le ravir, avait prié le Père de rester. Celui-ci essaya de refouler l'expectoration; mais n'y pouvant réussir, il s'excusa et sortit. A peine dehors, un crachement de sang se produisit à la grande stupéfaction du Père. Après avoir reconduit le visiteur, il parla de son accident aux confrères présents; Mgr averti fit aussitôt mander le médecin. Le cas fut trouvé de nulle importance, ce ne devait être qu'une petite lésion au larynx; du repos absolu était cependant nécessaire.

Or, le soir même, de nouveaux crachements survenaient, et plus abondants; l'hémoptysie se déclarait violemment, faisait des progrès d'heure en heure, et l'on craignait une suffocation. Le Docteur ne désespérait pas encore, mais il interdisait toute parole et tout mouvement.

Le 23, le cher malade recevait au matin le S. Viatique, et à 9 h. du soir l'Extrême Onction. « La vie ou la mort, dit-il après, à la volonté de Dieu ! je suis prêt. »

En quatre jours, le vaillant se trouvait arrivé aux portes de la mort.

A cette nouvelle, chacun s'émut, car chacun aimait le P. Idiart. De tous côtés on s'intéressa à lui. A Hanoi, les chrétiens priaient spécialement pour lui chaque jour. Ailleurs, lés confrères firent aussi prier. Ce fut un témoignage général de sympathie envers le Père, se manifestant surtout par des prières et des sacrifices, afin d'obtenir sa guérison.

Mgr Puginier plus affecté que personne, sentant la perte qu'il ferait si le Père mourait, demandait à Dieu avec toute sa foi robuste la santé du malade. Pour l'obtenir, S. G. faisait vœu de célébrer une neuvaine de messes : 3 en l'honneur de Marie; 3 en l'honneur de Saint-Joseph; 3 pour les âmes du purgatoire. Et pendant toute la neuvaine, 3 *De Profundis* par jour.

Sur l'invitation de Mgr, le malade faisait aussi le même vœu. Et comme S. G. ne pouvait célébrer régulièrement, elle priait le Père d'accomplir le vœu, si elle-même venait à ne pouvoir le réaliser.

A la suite de ce vœu, un mieux se produisit dans l'état du malade, auquel on avait donné de l'eau de Lourdes. On commença à espérer un peu.

Le 25 février, après une bonne journée précédée d'une bonne nuit, l'hémoptysie revint assez fortement; mais la nuit qui suivit fut bonne.

Le 26, le Père se sentait mieux, même bien, à peine quelques crachats sanguinolents, et il avait pu prendre du bouillon et du lait. Mais le danger subsistait toujours.

En effet, le malade baisssait lentement chaque jour. Le sang sortait à mesure qu'il se reformait, et le médecin déclarait qu'un vaisseau formant artère dans le poumon s'était rompu; impossible de le fermer pour arrêter le sang, à moins d'un miracle. Pour comble de malheur une espèce de diarrhée achevait d'affaiblir le patient. D'un moment à l'autre une crise pouvait l'enlever.

Le 3 mars, dernier jour de la neuvaine de Mgr Puginier en faveur du Père, celui-ci vit l'hémoptysie s'arrêter entièrement. Tout traitement était supendu, et de jour en jour le mieux devint plus sensible. (1)

---

(1) A cette époque, le P. Idiart écrivait à un de ses amis :

17 avril 1892.

Ah ! mon compte est réglé. A l'arrivée de cette lettre en France vous aurez déjà appris par quelle crise terrible il a plu au bon Dieu

Au 12 mars, les nouvelles étaient excellentes, et grâces étaient rendues à Dieu, à Notre-Dame de Lourdes et à Saint-Joseph. Il n'y avait que le bon docteur Gouzien qui n'avait pas d'espoir même dans les soins dévoués qu'il prodiguait au malade.

En dépit de l'arrêt du médecin, d'ailleurs ignoré du Père, le malade revenait à la santé, quand la mort de Mgr Puginier, qu'il avait toujours aimé beaucoup, qu'il aimait encore plus depuis les derniers témoignages d'affection et d'attachement qu'il en avait reçus pendant sa maladie, lui causa une secousse trop cruelle. Le chagrin mine les plus forts, la douleur qu'éprouva le P. Idiart était plus forte que sa santé, celle-ci déclina de nouveau, et rapidement.

Le voyage de Hong-Kong prescrit par le docteur et décidé par Mgr Gendreau, allait-il même être possible dans l'état de faiblesse du malade ? Le docteur fit tout pour le remonter et hâter le départ; la mer aurait une influence salutaire, le climat de Hong-Kong, le repos et les soins rendraient des forces au malade, amèneraient la guérison.

Le 5 mai, le P. Idiart, accompagné d'un confrère s'embarquait à Hanoi pour aller chercher cette guérison à Hong-Kong.

Faut-il dire avec quel regret il quittait le Tonkin, avec quelle insistance il recommandait de dire aux confrères qu'il

---

de me faire passer. Pendant 15 jours, à partir du 18 février, j'ai craché le sang, quelquefois 3 fois par jour; me croyant perdu, je demandai sans retard tous les sacrements de l'Eglise, que je reçus au milieu de mes confrères, plus nombreux ce jour-là que d'habitude dans la Mission. On priait beaucoup pour moi et je buvais de l'eau de Lourdes; mais, voyant l'opiniâtreté du mal, je croyais mes derniers moments venus, quand, le matin du neuvième jour de la neuvaine de messes que monseigneur Puginier daigna célébrer pour moi, les crachements cessèrent subitement; depuis ce jour, ils n'ont pas reparu, mais j'ai conservé ma toux et. hier, Samedi-Saint, après l'office. pour joyeux Alleluia, mes confrères m'ont découvert toute la vérité sur mon état. Il paraît que le côté droit est pris : je suis donc poitrinaire !... Je vous laisse à deviner si le coup a été dur. J'étais convaincu que ma poitrine était tout à fait saine. J'ai fait, pour la seconde fois, le sacrifice de ma vie au bon Dieu qui ne permet rien que pour notre plus grand bien. Les marques de sympathie que j'ai reçues et que je reçois encore de N. N. S. S. les Evêques et de mes confrères m'ont plus d'une fois touché jusqu'aux larmes..... Il peut se faire que le jour de ma mort ne soit pas éloigné; quand il arrivera, on vous écrira pour vous prier d'annoncer la nouvelle à mes bien-aimés parents... Nous nous rencontrerons dans la véritable Vie, et alors, quelle joie !!!...

les emportait dans son cœur, et que si le corps était à Hong-Kong l'âme restait au milieu d'eux? D'ailleurs, il avait l'espérance de revenir bientôt, Mgr Gendreau le lui avait promis. Cette assurance lui adoucit les tristesses de la séparation.

Le voyage fut heureux et l'état général de la santé du malade en éprouva un bien sensible.

Reçu à Béthanie par son compatriote et ami le P. Gaztelu, le Père se soumit au traitement prescrit par la Faculté. Dès l'abord, il reprit des forces : de 43 kilos qu'il pesait à son arrivée il était monté à 45 après quelques semaines. Puis les progrès s'arrêtèrent (1).

Comptant peu sur les secours de la science, il eut de nouveau recours au Ciel. Le 26 juin 1892, il écrivait : « Je « fais vœu, si je guéris de ma maladie :

« 1° De célébrer, chaque année, depuis la Fête-Dieu jus-« qu'à la fête du Sacré-Cœur, une neuvaine de messes pour « faire amende honorable au cœur si aimant de Jésus ;

« 2° De jeûner tous les premiers vendredis, en esprit de « pénitence ;

« 3° De célébrer la sainte messe, en esprit d'expiation, « ces mêmes premiers vendredis. »

Puis il s'en remit tout bonnement à N.-S. Vivre ou mourir, même mener une vie de souffrances, lui était égal, pourvu qu'il accomplît la volonté divine (2).

---

(1) Il écrivait à M. le Curé: Hong-Kong, 16 mai 1892.

Je suis depuis un mois installé dans le sanatorium de Hong-Kong, c'est vous dire que je me trouve dans un vrai palais des Invalides. Après la mort de Monseigneur Puginier, ma santé s'est trouvée affaiblie considérablement, à cause des émotions que j'ai éprouvées ; le jour où je vous ai quitté, où j'ai dit un adieu éternel à mes chers parents je n'ai pas plus pleuré qu'à la mort de celui que nous vénérions tous, comme un saint, en l'aimant comme un père... Quand vous verrez M. l'abbé Lille veuillez lui présenter mes humbles devoirs, lui dire que le P. Gastellu, son ancien élève est mon supérieur et mon infirmier aux Invalides. Il a presque totalement oublié le basque ; mais voilà qu'il entre chez moi ; il me reproche de vous écrire si longuement.

(2) Cet amour pour la volonté de Dieu éclate dans ses lettres. Voici ce qu'il écrivait de Hong-Kong le 25 juillet 1892 :

...Vous me dites que dans les prières que vous adressez pour moi au Seigneur, vous ne demandez pas autre chose, sinon que la sainte volonté de Dieu, s'accomplisse pleinement en moi. C'est la meilleure manière de m'être utile, l'accomplissement de la volonté divine ; toute la vie chrétienne est là ; qui la chercherait ailleurs, la chercherait vainement.

Sa grande occupation fut de prier. Le chapelet fut sa prière de tous les instants, ou bien il allait à la chapelle où sa visite à N.-S. se prolongeait indéfiniment. Monseigneur, les confrères, la Mission se partageaient ses prières avec ses parents, ses amis et ses bienfaiteurs. C'était pour eux aussi qu'il célébrait le plus souvent la messe.

L'hiver arrivait; la santé du Père demeurait stationnaire et même semblait plutôt baisser. Mais le Père ne pensait qu'à finir son séjour de Hong-Kong. Il attendait chaque jour — avec quelle impatience ! — que Mgr le rappelât au Tonkin ; il lui tardait de recevoir ce *veniat*, de revoir son Evêque, ses confrères et ses chrétiens. D'ailleurs — mourir pour mourir — il voulait mourir dans sa chère Mission.

Le 19 novembre il en prenait de nouveau le chemin. La traversée fut heureuse comme à l'aller. Mais en débarquant à Haiphong, le Père subissait un typhon qui, bouleversant la température, amena un froid humide. Le Père n'y prit pas garde, sous prétexte qu'il faisait aussi mauvais temps à Hong-Kong. La joie du retour lui donnait d'ailleurs des forces. Et il en usa à Ngô-Khé, chez le vieil ami le P. Martin ; à Ké-Sô, ensuite, pour tailler des causeries sans fin avec Monseigneur et ses confrères. La poitrine cependant était moins solide que le cœur et la volonté ; une toux sèche, violente même, réapparut dès les premiers jours.

Afin que le Père pût prendre du repos, Mgr Gendreau le fit partir de Ké-Sô pour Sontay, où le malade se trouvait dans les conditions les plus favorables pour se rétablir, si c'était encore possible.

Le 29 novembre le P. Idiart arrivait à Hanoï, où il passait 48 heures tout heureux de se retrouver sur son champ

---

Je vous avoue, que me sentant encore jeune je me prends parfois à désirer une prompte et complète guérison, qui me permette d'affronter, comme par le passé, les fatigues de la vie apostolique. La cage dans laquelle il plait au Seigneur de me tenir enfermé, me paraît parfois bien étroite, bien incommode. C'est la pauvre nature qui crie ; mais la foi vient à mon aide et non-seulement je ne maudis pas ma petite cage, mais je la baise avec amour !... Je dis tous les jours à Marie qui m'a déjà délivré de la mort une fois : « les médecins ne pourront pas me guérir complètement de mon mal, quoiqu'ils prétendent le contraire ; vous, vous pouvez me guérir. Cependant, je ne vous demande ma guérison, qu'à condition qu'elle ne contrariera pas les desseins de Dieu sur moi. Avant tout, je veux l'accomplissement de la volonté de Dieu...

de bataille. Et le 1er décembre il abordait à Sontay, où le P. Robert lui avait préparé, chez lui, une installation aussi confortable qu'il avait pu. Quel changement dans son ancien vicaire de Son-Mieng !

A Sontay, malgré les soins assidus du docteur Pichon, les attentions des sœurs de l'hôpital et la bonne volonté du P. Robert, le malade s'affaiblissait. « C'est cette mauvaise toux, répétait-il sans cesse ; sans elle, ça irait très bien ! » Mais la toux augmentait, l'appétit se perdait ; la fièvre se déclara et ne le quitta plus ; les nuits devinrent aussi mauvaises que les journées ; en sorte qu'à la fin de janvier, le P. Robert devait écrire à Mgr Gendreau que le Père était très mal. (1)

Déjà l'enflure avait gagné les pieds et la face. Cependant il y eut un moment d'arrêt dans la marche du mal, et même un mieux assez prononcé. Dans les premiers jours de février, le malade put faire en « pousse-pousse » trois petites promenades hors de la ville et célébrer de nouveau la sainte messe. Cela dura jusqu'au 19 février. Ce jour-là, bien que plus fatigué que de coutume, le Père tint à dire la messe pour le Saint-Père et à s'unir ainsi aux fêtes du Jubilé de Léon XIII. Ce fut sa dernière messe. Le soir du 19 il s'alitait pour ne plus se relever, sinon quelques minutes, et des signes non équivoques faisaient présager un dénouement prochain. (2)

S'apercevant de son état alarmant, le Père avait déjà renouvelé ses recommandations, écrit quelques lettres et fait la Déclaration exigée par le Règlement.

---

(1) Une lettre écrite à cette époque nous dévoile les sentiments intimes du malade : Son-Tay, 28 janvier 1893.

...Depuis le Premier de l'An, je suis bien éprouvé, je vous dirai même que j'ai bien cru que je n'atteindrais pas la fin de janvier. Voilà deux, trois jours que je vais un peu mieux, mais il peut bien se faire que demain ou même ce soir, je ne puisse absolument rien faire. Que voulez-vous ?... Telle est la sainte volonté de Dieu, telle doit aussi être la mienne, car quelqu'ennuyeuse que paraisse à la nature ma maladie, je ne voudrais pourtant pas être délivré contre les desseins et le bon désir de Dieu. Je fais souvent la prière suivante que je vous recommande pour le temps de vos épreuves ; la voici : « Mon Dieu je veux ce que vous voulez !... je le veux parce que vous le voulez !... je le veux de la manière que vous le voulez !... je le veux autant de temps que vous le voulez !!... » Attachons-nous chaque jour davantage au Bon Dieu ; là est le repos, là le calme, là seul est le bonheur. Nous comprenons bien cette vérité, mais combien de fois, hélas ! en pratique, nous quittons Dieu pour suivre la créature ou notre amour-propre.

(2) Quelques jours auparavant, le 15 février, le Père écrivait :
Une chose vous surprend, me dites-vous, c'est que me trouvant

Les jours suivants, la fièvre monta à 39° et 40°, des sueurs abondantes succédaient à la fièvre et achevaient de ruiner les forces du malade. S'il prenait quelque aliment, des congestions survenaient et le mettaient dans un état de souffrances terribles. Mais, malgré tout, le Père demeurait calme et patient, offrant ses douleurs en union avec N.-S. pour ses intentions préférées. « Jésus, Marie, Joseph », c'était toute sa plainte. « O mon Dieu, disait-il d'autres fois, oui, oui, oui, comme vous voudrez, autant de temps que vous voudrez ! »

Comme je le plaignais de ces crises et des quintes de toux qui lui brisaient la poitrine et la tête : « Oh ! c'est peu de chose cela ; il faudra en souffrir bien davantage en Purgatoire ! »

Quand un répit lui était donné, il en profitait pour causer du Tonkin, de son Thanh-Hoa ; demander des nouvelles des confrères, disant à chaque fois : « il faudra les remercier, tous les confrères, de l'intérêt qu'ils m'ont porté et des prières qu'ils ont faites pour moi; leur dire que je prie tous les jours pour eux, et que je ne les oublierai pas là-haut.

---

momentanément dans l'impossibilité de travailler je ne me décide pas à faire un voyage en France. Ah ! un retour aux Pyrénées me causerait sans doute beaucoup de joie. Le bonheur de revoir mes parents et mes amis, l'air pur des montagnes, les bons fruits que j'aimais tant, les soins empressés des miens, tout cela me ferait évidemment du bien, mais ne ferait que retarder plus ou moins la fin de mon pèlerinage : actuellement aucun docteur n'oserait me permettre un voyage en France. Je suis extrêmement faible... Je ne connaissais pas la souffrance ; le Bon Dieu a voulu me la faire goûter ; je l'en remercie de tout cœur. Certainement cette longue maladie (j'ai été frappé le 18 fév. 1892) est une grande grâce que le Bon Dieu m'a faite... Dans mes dernières volontés, je prie Monseigneur d'envoyer mon calice à mes parents ; ce n'est pas celui de M. Schmarsow : il était trop grand pour moi, c'est pourquoi je l'envoyai, il y a environ deux ans, à Paris pour le faire vendre et m'en acheter un autre plus commode pour moi. Le directeur, auquel je m'adressai, me répondit que les orfèvres ne voulaient donner que le prix de l'argent et de l'or, prétendant que ce modèle n'était en usage nulle part. Il devina que je ne consentirais jamais à me défaire d'un si beau calice pour la somme dérisoire de 130 fr. environ ; il me proposa de le garder et de m'envoyer le sien qui est celui du Père Mathé, un confesseur de la foi. Ce missionnaire, à l'enterrement duquel j'ai assisté, après avoir assisté le célèbre Monseigneur Retord dans ses derniers moments, dans les forêts de Dông-Chûen, fut pris lui-même avec Monseigneur Charbonnier ; il passa onze mois dans une cage carrée, trop petite pour lui permettre de se lever ou de s'allonger à son aise; il subit plusieurs fois le rotin et même le supplice des tenailles... Adieu, au revoir au ciel.

Pour Monseigneur, je ne sais comment lui exprimer toute ma reconnaissance pour ces bontés paternelles ; dis lui que je l'aime beaucoup, et que je prie beaucoup pour lui. »

D'autres fois, dans ses causeries, il rappelait toutes les grâces que Dieu lui avait accordées pendant toute sa vie, et il l'en bénissait ; puis il ajoutait : « Malgré tout, nous sommes encore les plus heureux, même en ce monde. Le bon Dieu nous gâte. Ces pauvres gens du monde ! Je ne changerais pas ma place, même de malade, contre tout leur bonheur. »

Quand il fallait mettre un terme à ces entretiens, de peur de le fatiguer, « encore un moment, demandait-il ; je ne suis pas fatigué, et je sens bien que je ne pourrai pas dormir. » Et il continuait ses souvenirs avec une charmante simplicité, en faisant naïvement ses remarques. — « Ah ! la bonne causette, disait-il après ; quel bon moment ! merci, merci ! »

C'était pour lui une joie de recevoir une visite. Comme il ne pouvait se tenir ni sur le dos ni sur le côté droit, il demanda de changer son lit de place, afin de pouvoir entretenir ses visiteurs sans leur tourner le dos ou s'exposer à les faire partir par les quintes de toux qui survenaient dès qu'il était sur le flanc droit. Il était charmant avec tous, et très reconnaissant de ce qu'on faisait pour lui.

« Ce bon Dr ! disait-il en parlant du Dr Pichon ; quel brave cœur ! Il vient me voir tous les jours, s'asseoit près de moi et me console. Oui, c'est un riche cœur ! et je demanderai au Bon Dieu de lui accorder une bonne mort. »

Un jour M. Camboulive lui apportait une perdrix : « Vous êtes vraiment trop bon ; lui dit le Père ; vous m'envoyez tout votre gibier ; voyons, assayez-vous ; à mon tour de vous offrir quelque chose. » M. Camboulive remercie, prétextant que sa grosse voix fatiguerait le malade.— « Du tout, du tout; vous pouvez même fumer, cela ne me gêne pas, je vous l'assure. »

Or, le Père venait d'avoir un longue crise, causée par une congestion. Je voulus lui faire comprendre que le repos et le silence lui étaient nécessaires. — « Et un peu de distraction aussi » ajouta-t-il aussitôt. Et il fallut s'asseoir.

« M. Camboulive, dit-il alors, Mgr m'a donné une bouteille de Malaga ; vous allez me faire le plaisir de le goûter. » — Et sans entendre aucune excuse, il fit servir chacun sans y toucher lui-même : « C'était trop fort pour sa faible poitrine, dit-il. » — La conversation s'anima, s'éleva, et la gaieté éclata en rires sonores qui ne déridaient pas cependant l'infirmier, convaincu que ce bruit nuirait au malade. Or, le malade s'endormit si profondément que chacun disparut sans qu'il s'en doutât, et son sommeil dura jusqu'au lendemain à 10 heures du matin. « C'est honteux, dit-il en voyant l'heure, d'avoir tant dormi. Et dire que je ne vous ai pas entendus ! Tu vois que votre présence ne m'a pas géné. »

Dans l'ardeur de la fièvre, il eut désiré boire de l'eau fraiche. « Ah ! si j'étais à la source qui coule de la montagne, là-bas, chez nous ; comme je m'y désaltérerais ! A défaut, donne m'en un verre d'ici. — Mais c'est impossible ; la toux augmenterait encore. — Oh ! un demi verre seulement, cela ne fera aucun mal. Plutôt pour lui rafraichir la bouche désséchée que pour satisfaire son envie, je lui servis deux gorgées d'eau au fond d'un petit verre. « Tout cela ! s'exclama-t-il ; c'est donc bien cher l'eau à Sontay ? Ah ! quand il s'agit de potions tu n'es pas si chiche. — En fait d'eau je ne donnerai en plus grande quantité que de l'eau de Lourdes, sûr qu'elle ne nuira pas ; quant à l'autre eau, fini. — Ce serait abuser, reprit-il, que de boire à sa soif de l'eau de la Sainte-Vierge ; il faut la réserver. »

Le lendemain ou le surlendemain soir, nouvelle demande d'eau fraiche. Je vais pour prendre l'eau de Lourdes. En voyant ma démarche, le Père dit : « Non, pas celle-là : c'est dommage ; de l'eau ordinaire suffit. » Je me dirige alors vers la cheminée où l'eau ordinaire se trouvait à côté des fioles de pharmacie ; et versant la potion de chloral dans le verre, je la présente au malade sans rien dire. Le cher Père l'absorbe d'un trait ; mais aussitôt le chloral lui raclant le gosier : « Ah ! malheureux, si on peut prendre les gens de cette façon ! Enfin, c'est pris, et j'en serai quitte. »

Ce qu'il lui fallait de vertu pour ainsi garder constamment sa bonne humeur, et supporter les ennuis inséparables d'une longue maladie ; prendre remède sur remède sans jamais témoigner aucune répugnance, et comme s'il avait cru à l'efficacité des potions ; pour se laisser en un mot soigner comme un enfant! Oui, il faut une forte dose d'énergie et de volonté pour ainsi commander à la nature, dans ces moments où un rien la démonte, l'irrite ou l'accable. Il faut plus que de la volonté : c'est un grand esprit de foi et de sacrifice qu'il faut, c'est de la vertu.

Loin d'être exigeant envers ceux qui l'assistaient, il avait au contraire peur de les fatiguer. « Allez vous coucher ; allez dormir ; je n'ai besoin de rien ; soyez sans inquiétude : j'appellerai s'il me faut quelque chose. » Et si le cas arrivait il appelait si doucement que son veilleur, couché aux pieds de son lit, ne l'entendait pas. Et le voyant si bien dormir, il n'appelait plus et attendait qu'on se réveillât.

Le 27 février, vers 7 h. du soir, une crise aussi terrible qu'imprévue le mit à toute extrémité. Les jours précédents, il avait parlé de la mort du P. Richard, ainsi que de celle de sa sœur aînée, à l'occasion de leur anniversaire, et comme s'il avait dû lui-même mourir un de ces jours. « Arriverai-je jusqu'à ce jour ? » se demandait-il. Or, ce soir, la respiration était courte et pénible, et la toux saccadée, la suffocation intense. Ether, ventouses restaient sans effet. Le Père gardait toute sa connaissance. Averti du danger, il voulut recevoir le Saint-Viatique et l'Extrême Onction ; et, soumis à la sainte volonté de Dieu, il fit de grand cœur son sacrifice. Après l'administration des sacrements, la crise disparut, et le Père s'endormit malgré une très forte fièvre.

Nous craignions de le voir succomber à la chute de la fièvre ; il n'en fut rien.

Le lendemain, il demanda le P. Robert. C'était pour le remercier de toutes ses bontés, et lui demander pardon de tous les manquements qu'il avait pu commettre à son égard. Puis, s'adressant à moi : « que le Bon Dieu te rende au centuple, à toi et à ta famille, tout ce que tu as fait pour moi ! »

Il appela ensuite ses deux servants. Quelques jours auparavant, à la suite d'une faute, le Père avait administré une semonce au premier. La semonce était méritée. Mais le Père craignit d'y avoir mis de l'aigreur. Après les avoir remerciés tous deux de leurs soins dévoués et de leur attachement, il demanda pardon au catéchiste du ton trop vif avec lequel il l'avait repris, l'assurant qu'il n'avait pas voulu le blesser, mais lui donner une admonestation utile à son âme et à toute sa conduite ; il l'engagea ensuite à en profiter pour l'avenir, et à ne se laisser jamais détourner du devoir par personne. Les deux servants pleuraient à chaudes larmes.

Il faut dire ici que le Père avait toujours su se faire aimer de ses hommes, tout en leur tenant la bride haute. Les deux qui furent désignés par Mgr pour le servir dans sa maladie, lui prodiguèrent leurs soins d'une manière vraiment admirable et digne d'éloges.

Le 2 mars, Mgr Gendreau, de passage à Sontay, constata l'état désespéré du cher malade ; et, lui donnant une dernière marque d'affection, il passa la nuit pour le veiller. En partant pour sa tournée pastorale le lendemain, Sa Grandeur n'espérait plus revoir le malade ici-bas.

Quelques heures après le départ de Mgr, une nouvelle crise survenait ; le malade tombait en agonie ; les pieds et les oreilles étaient glacés. Le Père Schlicklin lui donnait l'indulgence plénière et récitait les prières des agonisants. Le malade ne donnait plus signe de vie qu'un souffle à peine sensible. Il demeura assez longtemps dans cet état. Le médecin avait été appelé aussitôt ; mais les injections d'éther n'agissaient qu'avec lenteur. Enfin le Père revint à lui. Il nous raconta son étonnement en nous voyant si inquiets, tandis qu'il se trouvait, lui, dans un calme si parfait. « En te voyant pleu-« rer, me dit-il, je me suis dit que ce calme était peut-être le « calme qui précède la mort ; mais combien j'étais tranquille ! « — Je crois bien ! tu ne bougeais pas plus qu'un mort ! « — Allons, allons, pourquoi pleurer ? tant t'inquiéter ? A la « volonté de Dieu ! quand il voudra ; il y a longtemps que je « suis prêt. »

A partir de cette date, les crises devinrent presque journalières, la toux, la fièvre épuisaient ce pauvre corps. Un jour qu'il aperçut ses jambes, quand je le recouchais, « mes « pauvres jambes, dit-il en riant, ce ne sont plus que des rasoirs ! » Et comme il essaya de les mesurer de sa petite main, tout surpris de serrer dans le cercle du pouce et de l'index sa jambe au-dessus du genou : « Eh bien ! au moins il ne faudra pas quarante artilleurs pour me porter en terre. Ce sont les vers qui seront attrapés : quelle triste chère ils vont faire ! »

Comme ces crises le fatiguaient beaucoup, on l'engagea à s'adresser à saint Joseph, dont on célébrait le mois. « Pour-« quoi ? Il faut bien souffrir un peu ; et d'ailleurs, il ne veut pas me guérir, » dit-il, en appuyant sur le mot Il ; « la fin n'est pas loin. » Il était en effet si faible que nous redoutions de le voir trépasser à tout instant ; mais on fit remarquer que ce serait saint Joseph qui le délivrerait au jour de sa Fête.

Les journées, quoique de plus en plus mauvaises, se passèrent, le 19 mars aussi, et le patient demeura sur la croix. Il ne s'en plaignait pas, mais il disait : « Je suis bien « heureux ; je reçois le Bon Dieu tous les jours ; c'est ma « force; oh ! je suis bien favorisé de pouvoir ainsi communier « tous les matins. J'en remercie le Bon Dieu. » Puis, pris de scrupule, il ajouta : « Peut-être est-ce trop souvent commu- « nier, vu ma pauvre préparation et action de grâces, — mais « j'y pense cependant quand je ne dors pas. » Et comme je lui faisais observer qu'il n'y avait pas de meilleure préparation que l'union avec N. S. sur la croix par la souffrance, ni de meilleure action de grâce que l'union avec N. S. par la soumission à sa sainte volonté : « Oui, c'est vrai, dit-il. Ce- « pendant peut-être ne faut-il plus m'apporter la communion « que tous les deux jours, si cela doit durer quelque temps; « nous verrons cela. »

Quelques jours le séparaient à peine de sa fin. Le 22 mars, il eut une crise douloureuse. Puisant force et courage dans les saints noms de Jésus, Marie, Joseph, il baisait amoureusement le crucifix. Sa pauvre poitrine se déchirait, tout son corps se disloquait et sa tête en feu éclatait sous les efforts d'une toux impitoyable. Ce fut la première fois qu'on l'entendit dire ; « C'est un peu pénible ; oui, c'est un peu « pénible. » Et il ajouta aussitôt : « O mon Dieu ! oui, oui, « oui ; tant qu'il vous plaira, quand et comme vous vou- « drez ; que votre sainte volonté soit faite ! »

Le médecin appelé constata que l'enflure avait considérablement augmenté, et gagnait le haut de la jambe gauche en particulier. Il prescrivit un pansement énergique, fit envelopper la jambe dans du coton, et défendit tout mouvement. Or, le pauvre Père était si amaigri que les os faisaient saillie; il se fatiguait donc vite à demeurer couché sur ces saillies aiguës, et devait varier de temps en temps sa position. En se voyant condamné à l'immobilité, la jambe bandée, il dit en riant au Docteur : « Ah ! docteur, si vous étiez à ma place !» Mais il se soumit encore, comme il s'était toujours soumis aux autres traitements, avec une patience inaltérable. Jamais en effet il ne refusa un remède ; mais bénissant ce qu'on lui présentait, il le prenait ensuite sans faire aucune observation. Il fit cependant un jour cette remarque avec une pointe de malice : « Je connais quelqu'un qui devrait bien m'imiter,

« quand il est malade, et se laisser soigner comme moi; mais « c'est une mauvaise tête qui fait prendre tout aux autres, « les soigne bien, mais ne veut rien savoir quand il s'agit « d'elle. »

Après cette crise, le Père demanda à se confesser encore. Il s'entretint ensuite assez longtemps avec le Père, parlant de la Fête du surlendemain, N. D. des 7 douleurs, et de celle de l'Annonciation. « Ce sont deux belles fêtes pour un malade, « lui dit son confesseur; N. D. des 7 douleurs vous encoura« gera à porter votre croix, à faire votre sacrifice comme elle « fit le sien. Et N. D. de l'Annonciation sera la divine Messa« gère qui vous annoncera la couronne après le combat; Elle « vous montrera le Ciel après les souffrances d'ici-bas. Et même « si Elle vous ouvrait les portes du Ciel en ce jour? Quel « bonheur! » « Oui, oui, » répondit-il gravement. Et il réfléchit quelques instants avant de continuer la conversation.

Le 24, Fête de N. D. des 7 douleurs, la journée se passa avec des alternatives de calme et de quintes de toux pénibles. Vers le soir, la fièvre monta à plus de 40°. La nuit s'annonçait mauvaise. La respiration se faisait avec difficulté et devenait très courte et précipitée. Les ventouses appliquées ne pouvaient tenir sous les secousses causées par la toux et l'éther ne produisait qu'un effet passager. Cet état dura jusqu'à 2 h. du matin. A ce moment, le Père put se reposer un peu et sommeiller d'un sommeil léger, à peine interrompu de loin en loin par un coup de toux.

A 4 1/2 du matin, 25 mars, il m'appela, demanda l'heure en disant: « J'ai hâte de voir le jour. »

La fièvre était tombée, le malade ruisselait de sueurs. Après l'avoir changé, levé et recouché, comme il se trouvait assez bien, malgré la respiration courte, je lui demandai s'il voulait que j'apporte tout de suite le Bon Dieu, dans le cas où il pourrait avaler la Sainte Hostie; car j'avais remarqué, en le faisant boire, que l'eau mélangée de vin sucré passait avec difficulté.

« En effet, reprit-il; j'ai la bouche très sèche, ainsi que la gorge; ça passe difficilement. C'est un peu pénible; oui, c'est un peu pénible; mon Dieu! mon Dieu! »

Il ajouta bientôt: « Père, il vaut mieux aller dire la « messe tout de suite; si je puis communier, il sera toujours « temps de m'apporter le Bon Dieu ensuite. »

J'allai donc à l'hôpital célébrer la Sainte Messe. Au moment où je finissais mon action de grâces, un servant du P. Robert accourait et demandait : le Père, où est le Père ? Je compris aussitôt que le P. Idiart devait se mourir. Quelques minutes après j'étais près du mourant.

Le P. Robert avait été aussi averti à la fin de sa messe. Il se trouvait donc là, récitant les dernières prières. Le Père Idiart était en pleine connaissance, mais parlait avec peine, car il suffoquait. J'appris qu'après mon départ, il avait mangé quelques quartiers d'oranges, et sucé quelques bouchées de canne à sucre. Je mis en œuvre les moyens ordinaires pour soulager le malade ; mais les ventouses ne prenaient plus, le sang ne circulait déjà plus ; la peau à peine levée sous la pression de la ventouse s'affaissait une seconde après. Quant à l'éther, le Père lui-même me dit : « C'est inutile, c'est inutile. » Il refusa également de se rafraîchir la bouche. « Pas cela, pas cela, dit-il. » Comprenant sa pensée, je ne songeai plus qu'à lui donner les secours spirituels.

Ayant présenté de l'eau bénite au malade, celui-ci en jeta sur son lit, faisant le geste de repousser, à l'aide du signe de la croix, quelque chose qu'il aurait vu à droite, au pied du lit. Aussitôt après, il parut plus à l'aise. Ecoutant l'acte de contrition, il y acquiesça de la tête, et reçut avec joie l'absolution ; puis il me remercia.

Ses regards se portèrent ensuite sur les assistants ; alors faisant un grand signe de croix, il bénit tout le monde sans qu'il en fût prié.

Le P. Robert continuait les prières de l'agonie ; le malade avait une respiration courte et sifflante qui devait le fatiguer beaucoup. Il renouvela l'offrande de ses souffrances, de sa vie, répétant avec moi :

« Jésus, Marie, Joseph, je vous donne mon cœur, mon esprit et ma vie ;

« Jésus, Marie, Joseph, assistez-moi dans ma dernière agonie ;

« Jésus, Marie, Joseph, que je meure en votre sainte compagnie.

Et fixant ses regards sur moi, il remercia de nouveau.

Je lui présentai une seconde fois l'eau bénite ; il en prit, se signa, puis il bénit encore l'assistance, et sa main retomba défaillante.

La sœur supérieure, accourue à la nouvelle du danger, et agenouillée devant le mourant, lui fit demander une bénédiction spéciale pour elle et ses compagnes, et pour les sœurs de Hanoi. Le malade fit oui de la tête, et essaya de lever le bras droit; mais éprouvant quelque difficulté, il le leva en s'aidant du bras gauche, fit doucement le signe de la croix, et s'appuya ensuite sur mon épaule.

Je continuai à lui suggérer de pieuses pensées, à lui faire quelques invocations : *Suscipe, Domine, spiritum meum; In manus tuas, Domine...* N. D. de Lourdes, saint Joseph, saint Michel, saint François, priez pour moi. Et toujours le Père baissait la tête pour montrer son adhésion. Cependant la respiration était toujours plus dure, plus pénible, plus haletante.

Je commençai l'*Ave Marie Stella*. Aux premiers mots, la respiration redevint absolument normale, et le mourant leva les yeux au Ciel où il les tint fixés. Il écoutait tout recueilli les strophes de l'hymne, que je récitais très lentement et en appuyant sur les mots. Il semblait regarder au loin, dans les hauteurs du ciel. Son visage, auparavant contracté par la souffrance, reprenait sa physionomie ordinaire. Les strophes se succédaient; la respiration demeurait douce et régulière.

Aux paroles :

Monstra te esse matrem

le mourant fit encore le signe de tête pour répondre, mais sans quitter la vision qu'il semblait fixer.

Vitam præsta puram

il y a comme une suspension dans la respiration; mais elle reprend bien douce et régulière ;

Iter para tutum

nouvel arrêt et nouvelle reprise de la respiration ;

Ut videntes Jesum
Semper collætemur !

Le Père laisse échapper un petit souffle, c'était bien le dernier. Sa tête appuyée contre mon épaule, retombait contre ma poitrine, tandis que son âme s'envolait au séjour de l'éternelle joie, sous la protection de Marie Mère de Dieu. Il était neuf heures du matin.

. . . .
. . . .

La nouvelle de sa mort fut télégraphiée aussitôt à Mgr Gendreau, aux confrères de Hanoi, Ké So, et dans tous les endroits desservis par des bureaux de poste ou à proximité. On l'envoya aussi à Hong-Kong, où le P. Martinet la communiqua aussitôt un peu partout. En sorte que dès le lendemain, de nombreuses messes furent célébrées à l'intention du cher défunt, qui avait souvent exprimé ce désir.

Mgr Gendreau se disposait à revenir à Hanoi. Pressant son retour, S. G. arriva à Sontay avant la fermeture du cercueil, et put encore contempler et bénir son fidèle missionnaire, avant de présider à ses obsèques.

Le lundi, 27 mars, un service solennel était chanté le matin dans l'église de Sontay; et, le soir, neuf missionnaires, trois prêtres indigènes, tous les Français de Sontay, ainsi que les chrétiens, qui étaient accourus nombreux et avaient prié près du corps jour et nuit, conduisaient à sa dernière demeure l'infatigable travailleur. Et maintenant il repose, derrière le chœur de l'église, à côté du P. Richard, en attendant l'éternelle résurrection.

. . . .

. . . .

Avant de finir cette notice écrite à la hâte, est-il nécessaire de faire remarquer que la Mission perdait un auxiliaire précieux, et les missionnaires un confrère dévoué? Est-il nécessaire de rappeler, ce que tous savent, les qualités et les mérites du défunt ? Toute sa vie et ses actions parlent assez haut.

Ce qu'il faut peut-être observer ici, c'est qu'il avait acquis ces qualités et ces vertus par l'énergie de sa volonté aidée de la grâce divine. D'un tempérament vif, il avait su dompter sa fougue, posséder son âme dans la patience. Il lui en coûta; que de fois dût-il serrer les poings. Mais parce qu'il aimait Dieu, il voulut se vaincre, et Dieu bénit ses efforts. « La piété est utile à tout; » et c'est la piété qui l'a soutenu partout, qui a fécondé tous ses travaux.

Le Sacré-Cœur de N. S. — la dévotion à la Sainte-Vierge — visites au Saint Sacrement : c'est la source où il puisait sans cesse; rien d'étonnant qu'il ait ensuite donné abondamment, qu'il se soit donné tout entier à ses œuvres, qu'il ait aimé, jusqu'au sacrifice de lui-même, Dieu et les âmes, la Mission et tous ses membres. Mais s'il a aimé ainsi, il fut aussi aimé, et ses œuvres l'ont suivi.

Euge! serve bone et fidelis, intra in gaudium Domini tui. Et du haut du ciel, continue d'aimer et de protéger tous ceux que tu aimas ici-bas, tous ceux qui t'aimèrent et te pleurent en gardant pieusement ton souvenir!

18 avril 93,

C. BOQUEL. (1)

Missionnaire Apostolique.

---

(1) Une lettre du P. Boquel aux parents du P. Idiart nous dit l'intimité des deux missionnaires. En voici un extrait :

« Si vous saviez comme je l'aimais et il me le rendait bien. Comme nous avons passé de beaux jours ensemble en Thanh-Hoá surtout, où je suis demeuré plus de 2 ans avec lui. Et quand nous devions nous séparer nous nous écrivions chaque jour, et avec quel bonheur on se retrouvait!

« Depuis notre séjour à Paris, nous nous étions ainsi compris. Cela vous expliquera, pourquoi sa mort me touche comme vous, pourquoi aussi Monseigneur m'avait permis d'aller le soigner jusqu'au dernier moment et pourquoi j'ai tant pleuré quand j'ai dû revenir chez moi.

« Allant dire une dernière prière sur sa tombe, j'en ai rapporté quelques fleurs, de la mousse dont on lui avait fait des couronnes et garni son cercueil. Je vous en enverrai à la prochaine occasion.

« Le cher Père était aimé de tout le monde, aussi le regrette-t-on partout. Son enterrement avait réuni civils et militaires, en un mot, c'était un hommage général rendu aux qualités de votre cher Bertrand. Je vais faire sur lui une petite notice et je vous l'enverrai ensuite, car je suppose qu'il ne vous disait pas tous ses sacrifices et comme il m'a dit de prier M. le Curé de ne rien publier sur son compte je vais suppléer de ce côté. . . . . »

Ces quelques lignes nous montrent que le P. Boquel était admirablement préparé à écrire cette notice. Les parents du défunt et tous ses amis lui sont reconnaissants d'avoir conservé pieusement à leur souvenir les détails de ces quelques années de la vie du missionnaire. Grâce à son travail on pourra dire de son ami : *Defunctus adhuc loquitur.*

ÉPILOGUE

Quand le Bon Dieu appela à lui le R. P. Idiart-Alhor, une œuvre restait inachevée et si, un regret a pu attrister les derniers jours du zélé missionnaire, c'est celui de n'avoir pu mener à complète exécution, la construction de l'église du Sacré-Cœur de Cua-Baug.

Après avoir sollicité et reçu un premier envoi de fonds il écrivait :

Tonkin Occidental, 16 décembre 1890.

Jai reçu . . . .

Comme vous l'avez deviné, cet argent sera employé en entier pour l'honneur et la gloire du Sacré-Cœur de Jésus. Je croirais commettre un acte indigne et injuste à la fois en le faisant servir à un autre usage. Que les personnes charitables qui se sont privées pour me venir en aide se rassurent donc : en me faisant l'aumône elles auront fait un magnifique placement. Je ne puis rien pour elles, il est vrai, mais Jésus qui a promis de ne pas laisser sans récompense un verre d'eau froide donné à un pauvre pour son amour, pourrait-il les oublier ? Je ne le crois pas. Le divin Maître a dit que ses délices sont de demeurer au milieu des enfants des hommes, et il faut bien le croire, puisque nonobstant des trahisons indignes, le vide de plus en plus grand dans les églises, il ne peut se résoudre à déserter le tabernacle. Or, dans le district de Thanh-Hoa qui mesure environ 150 kilomètres du sud au nord et 100 au moins de l'ouest à l'est, il n'y a pas encore une seule Eglise où il puisse établir sa demeure. Pensez-vous que ce soit bien de laisser plus longtemps le maître du Ciel et de la terre sans une maison digne de Lui ? Je sais bien que ce doux Sauveur ne se montre pas bien difficile; plus d'une fois, il a daigné quitter les splendeurs du Ciel pour se rendre à ma voix et descendre sur deux misérables planches mal assujetties, dans une pauvre chaumière aussi peu digne de Lui, que l'étable de Bethléem ; mais si au prix de mes efforts je puis arriver à le traiter un peu moins indignement, ne dois-je pas le faire ? Aussi ma résolution est bien arrêtée, il faut que je fasse élever un temple au Sacré-Cœur; ce sera le

Sacré-Cœur de Cua-Baüg. Je ne sais pas où je trouverai les fonds nécessaires pour mener mon entreprise à bonne fin, mais j'ai confiance, veuillez la recommander aux âmes charitables que vous connaissez... »

Cet appel si touchant ne sera-t-il pas entendu de quelques bonnes âmes, désireuses de contribuer par un léger sacrifice à l'achèvement de cette modeste Église, pour laquelle le P. Idiart demandait la somme de 12.000 fr.

Ne serait-ce pas un honneur pour ses amis, pour ses compatriotes, qui participeraient ainsi à son apostolat ?...

La dévotion au Sacré-Cœur de Jésus, se répand de plus en plus. Dans notre France, où elle a pris tant d'extension, un temple magnifique s'élève en son honneur et déjà ce divin Cœur se plaît à y accorder des grâces sans nombre. N'auraient-elles pas bien plus droit à ses faveurs, les âmes qui par une obole prélevée sur leur superflu, donneraient un abri au Dieu du ciel et de la terre, dans cet immense et pauvre district de Than-Hoa et propagerait ainsi cette dévotion toute de miséricorde, parmi ces populations si deshéritées de tous biens. Combien la moisson serait plus abondante, si le Cœur-Sacré de Jésus, résidait nuit et jour au milieu de ces pauvres chrétiens dans son sacrement d'amour ?... On prierait tous les jours pour ceux qui auraient contribué à l'érection de ce modeste sanctuaire et du haut du Ciel où nous avons le ferme espoir qu'il a déjà reçu sa récompense, le Père Idiart se ferait leur avocat.

La joie céleste du bon missionnaire, ne serait-elle pas augmentée, s'il voyait son cher Pays Basque, prendre à cœur de parachever son œuvre ?...

Cette Eglise de Cuâ-Baug, a été sa dernière pensée, son dernier désir ; que tous ceux qui entendront cet appel, se fassent l'écho de ses sentiments et comme les exécuteurs testamentaires de celui qui, par sa vie et ses travaux, restera l'honneur de son Pays.

Les offrandes seront volontiers reçues par

Monsieur l'Abbé d'ELICEIRY
Chanoine honoraire de Bayonne
Curé de LANTABAT
par LARCEVEAU (Basses-Pyrénées)

Il se fera un devoir de les transmettre à Sa Grandeur Mgr Gendreau vicaire apostolique du Tonkin.

Saint-Palais. — Imp. CLÉDES.

www.ingramcontent.com/pod-product-compliance
Lightning Source LLC
LaVergne TN
LVHW010041230826
846091LV00005B/1822

* 9 7 8 2 3 2 9 5 6 9 3 3 8 *